基层农技推广人员知识更新培训教

农业政策与法规

主　　编　庄天慧
副 主 编　邓爱群　颜　勇　杨　春
参编人员　颜　勇　杨　春　孟　琦
　　　　　毛　平　漆海燕

电子科技大学出版社

图书在版编目（CIP）数据

农业政策与法规／庄天慧主编. --2版.-- 成都：电子科技大学出版社，2015.11（2019.10重印）

基层农技推广人员知识更新培训教材

ISBN 978－7－5647－3365－0

Ⅰ.①农… Ⅱ.①庄… Ⅲ.①农业政策－中国－岗位培训－教材②农业法－中国－岗位培训－教材 Ⅳ.①F320②D922.4

中国版本图书馆CIP数据核字（2015）第291998号

基层农技推广人员知识更新培训教材

农业政策与法规

庄天慧　主编

邓爱群　颜　勇　杨　春　副主编

出　　版：电子科技大学出版社（成都市一环路东一段159号电子信息产业大厦　邮编：610051）
策划编辑：辜守义
责任编辑：辜守义　胡　冰　邓　玲
主　　页：www.uestcp.com.cn
电子邮箱：uestcp@uestcp.com.cn
发　　行：新华书店经销
印　　刷：成都市新都华兴印务有限公司
成品尺寸：130mm×185mm　印张7　字数150千
版　　次：2015年11月第一版
印　　次：2019年10月第5次印刷
书　　号：ISBN 978－7－5647－3365－0
定　　价：18.00元

基层农技推广人员知识更新培训教材

《农业政策与法规》

编委会

编者的话

为贯彻落实党的十八大、中央一号和省委一号文件等精神，加强基层农业科技推广队伍素质，我们组织有关高等院校的学者和长期从事农业技术推广工作的专家，编写了基层农技推广人员知识更新培训《农业政策与法规》一书。

本书分为农业政策的概述及主要农业法律法规介绍两部分，内容涵盖农业政策的概念、特点、实施、现行主要农业政策、主要的农业法律、行政法规、地方性法规及部门规章等内容。编写紧密结合基层农业技术推广工作实际，注重实用性和针对性，力求内容通俗易懂、便于基层农业技术推广人员学习、理解和掌握。由于编写时间仓促，教材中难免存在不足和错误，敬请专家和读者批评指正。

《四川省基层农技推广人员知识更新培训教材》编委会

2015 年 5 月

目　录

第一章　农业政策

第二章　农业法律法规概述

第一章

农业政策

第一节　农业政策概述

政策就是执政党为国家所提的主张，是执政党在一定历史时期内，综合多方面的建议为推动实现一定的任务而制定的行动准则和采取的重大措施。政策对农业经济关系的作用十分明显。从2004年以来，中央连续12年出台了有关“三农”的一号文件，用来调整农业和农村经济关系。这些政策在农业和农村经济关系变革中起了重大作用。用来调整农业和农村经济关系。这些政策在农业和农村经济关系变革中起了重大作用。

一、农业政策的概念

农业政策，一般是指执政党和国家或政府为了实现某项经济和社会目的，以农业（通常包括农民、农村）为直接对象，通过对该产业的保护、扶植、调整和完善，积极或消极参与农业及与农业相关的行业和部门的生产、经营、交易、管理活动，直接或间接地干预农产品安全、服务、财政、金融、价格、对外贸易等市场形成和市场机制的行动依据和准则的总称。由于农业政策与农业、农民和农村关系密切，其内容也涉及农业和农村以外的政策领域。在我国，党的农业政策与国家农业政策时常交叉，一部分党的农业政策可以通过国家机关成为国家农业政策，还有一些农业政策则是由党和国家共同制定。

二、农业政策的特点

农业政策从本身的性质出发，具有以下特点：

1. 内容上的纲领性

农业政策一般是从整个国家或地区农业发展的需要出发，纲领性地规定农业经济活动应遵循的共同原则，并不规定具体目标和政策实施的具体措施。

2. 工作范围的广泛性

农业政策的调整范围一般是整个国家或地区的农业生产经济活动和经济关系，因而具有普遍的指导意义。

3. 具体应用上的灵活性

由于政策一般规定得比较原则，这就给对政策的理解和具体应用带有一定的灵活性。

4. 政策效力的有限性

由于农业政策规定原则性较强，又有一定的灵活性，因此，政策实施时在多数情况下难以做出违反政策时适度的纪律处分规定。即使有纪律规定，由于行政程序缺乏法律程序的严密，更容易受到人为因素的干扰，从而使政策纪律的执行有一定的难度。

三、农业政策的实施

（一）农业政策实施的概念

农业政策制定出来以后，并不等于有关的农业问题就解决了。从农业政策的制定到其目标的实现，还需要一个极其复杂和重要的过程，这就是农业政策的实施。农业政策的实施就是指农业政策方案被批准并正式颁布之后，把农业政策所规定的内容转变为现实的过程。具体来看，农业政策的实施是各级人民政府和农业主管部门以及其他有关部门，按照客观经济规律的要求，将农业政策付诸实际行动的行政活动。因此，应把农业政策的实施理解为一个过程，它是农业政策的执行者运用各种政策资源，通过建立各种组织机构，采取宣传、解释、执行等各种行动将农业政策观念形态的内容转化为现实生产力，从而使既定的农业政策目标得以实现。

（二）农业政策实施的特点

1. 具体性

一般说来，农业政策方案的制订是针对普遍的情形，以整体的面貌出现的，是比较抽象的概念体系。而执行部门要贯彻落实决策中心发布的农业政策指令，仅有对农业政策指令的整体了解是远远不够的，还必须对整体目标加以分解，使其具体化，这样才能把农业政策指令通过层层分解，落实到各个具体实施部门，最后落实到农业政策对象身上，通过他们的经济利益受益或受损，使农业政策的实际效益体现出来。可见，农业政策的执行是一项十分细致的工作，必须明确、具体，讲求条理性和规范性。

2. 灵活性

现实的社会经济生活是极其复杂的，农业又是一个高风险的产业，新问题、新情况不断出现，尤其在改革开放的年代，各种矛盾错综复杂，偶然、随机因素激增，动态多变的态势更加突出，各种利益的冲撞以及大量特殊问题的涌现，对农业政策的执行提出了更高的要求。一方面农业政策方案无论设计得怎样科学、合理，它都不可能与纷繁复杂的客观实际情况完全一致；另一方面，随着时间的推移、执行活动的进展和环境条件的变化，农业政策的执行者必须因地制宜、因时制宜，适应各种现实情况的变化，灵活地使农业政策目标得以实现。

3. 综合性

农业政策的执行是个复杂的活动过程，要采取很多必要的措施和行动，牵涉到许多动态要素，人、财、物、时间、信息、管理技术、规章制度等都是执行中必然涉及的基本要素。执行是否顺利有效，既要受主观因素的影响，也要受客观因素的制约。农业政策的执行过程就是将各种因素加以系统综合，使其处在一种有序状态下，发挥最大整体效益的过程。实践证明，杂乱无章只会带来执行的负效应，执行系统必须通过某种机制实现各种要素的协调效应和动态平衡。因此，执行者在农业政策执行过程中必须善于运筹各种政策要素，使整个农业政策执行过程成为一个要素得当、结构合理、功能优化的动态系统。

4. 阶段性和连续性

由于农业政策目标和方案本身就带有阶段性，因而它反映在农业政策的执行上也必然呈现出时间上的阶段性，即农业政策方案的实施和目标的实现都只能分阶段逐步进行。与农业政策执行的阶段性密切联系的是它的连续性，这就是说，在整个农业政策执行过程的各个阶段之间存在着前后相继的内在联系，农业政策的执行过程是阶段性和连续性的统一。为此，执行者应充分注意各个执行阶段的衔接和统一，不能只顾上阶段目标而影响下阶段目标或其他阶段目标的实现，而应该在实现上阶段目标的过程中积极为下阶段目标的实现创造条件。

5. 目标的统一性和途径的多样性

在农业政策执行过程中，其目标不论是在时间上还是在空间上都具有统一性，这是农业政策执行的特点和要求。如果执行机构的领导者及其执行人员在主观上忽视了这种统一性，则会造成整个执行的紊乱，出现巨大的内耗，不利于农业政策目标的实现。农业政策目标的统一性并不意味着农业政策执行途径的单一性。相反，在坚持农业政策执行目标统一性的前提下，还必须坚持农业政策执行途径的多样性，因为在农业政策执行过程中客观上存在着多种多样的途径。

6. 决策的多层次性

由于农业政策执行是一个需要不断变化和调整的动态过程，因此，农业政策执行者就要依据农业政策的原则和自己所处的条件，不断选择和决定自己的行动。在执行上级政策的过程中，不但各级执行机构的领导者要结合本地区、本部门的特点制定切实可行的农业政策执行措施，而且各级执行机构的工作人员也要据此制定自己的具体行动计划，尤其是基层的农业政策执行人员则更应根据自己所处的特定条件，按照农业政策的要求进行具体的决策，以处理各种实际问题。因此，农业政策的执行绝不是一个简单的照章办事的过程，而是一个由一系列不同层次的决策组成的过程。

（三）农业政策实施的方法

农业政策实施的方法一般有以下几种形式：

1. 行政方法

行政方法是指凭借行政机构的权威，运用命令、指示、指令或任务，按照行政层次和行政秩序来推行政策实施的方法。行政方法的主要特点是：直接性、单一性、强制性和无偿性。

2. 经济方法

经济方法是指在客观经济规律直接作用和经济组织自主活动的情况下，通过利用与价值有关的经济杠杆和经济手段来调节人们之间的物质利益关系，以实现政策目标的方法。经济杠杆主要有：价格、税收、利率、工资、成本、利润、货币、信贷、财政等。经济手段主要有：经济责任制、生产补贴、物质奖励、罚款等。经济方法的主要特点是：平等性、等价有偿性、非直接性和广泛性。由于经济方法是从人们的物质利益出发，充分尊重调节对象的自主权，因而可以促进人们对自身物质利益的关心，并由此激发人们工作和从事农业经营活动的积极性、主动性、创造性。然而，经济方法也有其自身的局限性，其作用的发挥需要一个过程，因而难以解决要求立即采取措施的问题。

3. 法律方法

法律方法是指行政机关应用国家法律和根据宪法、法律制定各种有效措施推行农业政策实施的方法。法律方法的特点是：权威性、规范性、强制性和稳定性。法律方法能否有效地发挥对政策的实施作用，取决于法律法规是否适应经济基础和规律的要求，同时法只是整个上层建筑的一部分，其调整范围有限。因而，强调“依法治农”并不排除和否定其他农业政策实施方法的有效性。

4. 思想教育方法

思想教育方法就是通过加强思想政治工作，提高行政人员和农民的思想政治觉悟和对政策的理解水平，增强推行政策实施的主观能动性和自觉性。

第二节 我国现行主要农业政策

一、我国现行主要农业政策

农业基本政策是党和国家在农业、农村、农民问题工作中的各种方针、基本行动准则的统称。农业具体政策是各级党组织和各级政府指导各项具体工作的行动准则，是农业基本政策的具体化。从 1949 年建国至今，中国经济经历了不同的发展阶段，农业政策环境发生了明显的变化，中国农业支持政策经历了从无到有、并逐步加强的过程。总体看，1949 年至今中国农业政策可以分为以下四个发展阶段：①

1949－1978 年从解放农业生产力转变为抑制农民生产积极性；②1979－1996 年重新确立土地经营制度；③1997－2003 年中国农业支持政策的产生；④2004 年至今农业支持水平逐步加强。随着全社会对农业、农村和农民问题的日益重视，近几年来我国每年中共中央 1 号文件都成为全国农业政策的总纲领，而在总纲领基础上由国务院制定出台农业基本政策，各地方党委或政府再在农业基本政策的基础上因地制宜地制定地方性的农业具体政策。我国现行主要农业政策有 50 余个，可分为种粮补贴政策、畜禽补贴政策、农机补贴政策、渔业补贴政策、农业用地补贴政策、农业体系建设补贴政策、农村金融政策等几大类别。

（一）种粮补贴

1. 种粮农民直接补贴政策、农资综合补贴政策、农作物良种补贴政策

2015 年，中央财政继续实行种粮农民直接补贴、农资综合补贴和农作物良种补贴政策（以下简称农业“三项补贴”），同时对农业“三项补贴”进行调整完善。主要包括两个方面：

（1）在全国范围内调整 20% 农资综合补贴资金用于支持粮食适度规模经营。从中央财政提前下达的农资综合补贴中调整 20% 的资金，加上种粮大户补贴试点资金和农业“三项补贴”增量资金，统筹用于支持粮食适度规模经营。支持对象为主要粮食作物的适度规模生产经营者，重点向种粮大户、家庭农场、农民合作社、农业社会化服务组织等新型经营主体倾斜，体现“谁多种粮食，就优先支持谁”。

（2）选择部分地区开展农业“三项补贴”改革试点。2015年，财政部、农业部选择安徽、山东、湖南、四川和浙江等5个省，由省里选择一部分县市开展农业“三项补贴”改革试点。试点的主要内容是将农业“三项补贴”合并为“农业支持保护补贴”，政策目标调整为支持耕地地力保护和粮食适度规模经营。四川在全省范围开展农业“三项补贴”改革，主要内容：一是将80%的农资综合补贴存量资金，加上种粮农民直接补贴和农作物良种补贴资金，用于耕地地力保护。补贴对象为拥有耕地承包权的种地农民，享受补贴的农民要做到耕地不撂荒，地力不降低。补贴资金与耕地面积挂钩，以土地承包或土地确权面积为基础，按排除法进行调整，对已作为畜牧养殖场使用的耕地、林地、成片粮田转为设施农业用地、非农业征（占）用耕地等已改变用途的耕地，以及长年抛荒地、占补平衡中“补”的面积和质量达不到耕种条件的耕地等不给予补贴。补贴标准由各县（市、区）人民政府根据补贴资金总额和补贴面积统筹确定。补贴资金通过“一折（卡）通”直接发放到土地承包户。二是将原农资综合补贴的20%，用于粮食适度规模经营补贴。补贴对象为主要粮食作物（包括小麦、水稻、玉米、马铃薯、大豆、青稞、荞麦等）的适度规模生产经营者，重点向种粮大户、家庭农场、农民合作社、农业社会化服务组织、龙头企业等新型经营主体倾斜；在一个县（市、区）区域内新型经营主体作为补贴对象需达到的主要粮食作物种植面积门槛为：种粮大户30亩（其中成都平原地区50亩），家庭农场100亩，土地股份合作社200亩（其中成都平原地区300亩），农民专业合作社300亩（其中成都平原地区500亩），直接从事粮食种植的农业产业化龙头企业等500亩（其中成都平原地区1000亩）。补贴方式：重点支持建立完善农业信贷担保体系，也可以采取贷款贴息、现金直补、重大技术推广与服务补助等多种补贴方式，由各市（州）、县（市、区）在上述环节中自行选择具体支持方式，并确定操作办法、补助标准。三是2015年中央安排增量资金部分由省统筹，一部分用于2015年省级种粮大户补贴、粮食生产社会化服务补助；剩余资金对省级和市（州）级农业信贷担保机构进行支持。

2. 经济作物产业支持政策

经济作物产业重点支持蔬菜、水果、茶叶、中药材等为重点，以现代农业重点县、粮油经济复合产业基地和菜果茶标准化建设等项目为支撑，以品种改良、品质改善、品牌提升为手段，以“万亩亿元示范区”建设为目标，完善基础设施建设、集成推广先进实用技术、配套产后商品化处理、延伸产业链条，全面推进经济作物产业规模化种植、标准化生产、商品化处理、品牌化销售。

3. 产粮（油）大县奖励政策

为改善和增强产粮大县财力状况，调动地方政府重农抓粮的积极性，2005年中央财政出台了产粮大县奖励政策。2014年，中央财政安排产粮（油）大县奖励资金351亿元，具体奖励办法是依据近年全国各县级行政单位粮食生产情况，测算奖励到县。对常规产粮大县，主要依据2006-2010年五年平均粮食产量大于20万吨，且商品量（扣除口粮、饲料粮、种子用粮测算）大于5000吨来确定；对虽未达到上述标准，但在主产区产量或商品量列前15位，非主产区列前5位的县也可纳入奖励；上述两项标准外，每个省份还可以确定1个生产潜力大、对地区粮食安全贡献突出的县纳入奖励范围。在常规产粮大县奖励基础上，中央财政对2006－2010年五年平均粮食产量或商品量分别列全国前100名的产粮大县，作为超级产粮大县给予重点奖励。奖励资金继续采用因素法分配，粮食商品量、产量和播种面积权重分别为60%、20%、20%，常规产粮大县奖励资金与省级财力状况挂钩，不同地区采用不同的奖励系数，产粮大县奖励资金由中央财政测算分配到县，常规产粮大县奖励标准为500－8000万元，奖励资金作为一般性转移支付，由县级人民政府统筹使用，超级产粮大县奖励资金用于扶持粮食生产和产业发展。在奖励产粮大县的同时，中央财政对13个粮食主产区的前5位超级产粮大省给予重点奖励，其余给予适当奖励，奖励资金由省级财政用于支持本省粮食生产和产业发展。

产油大县奖励由省级人民政府按照“突出重点品种、奖励重点县（市）”的原则确定，中央财政根据2008－2010年省分品种油料（含油料作物、大豆、棉籽、油茶籽）产量及折油脂比率，测算各省（区、市）三年平均油脂产量，作为奖励因素；油菜籽增加奖励系数20%，大豆已纳入产粮大县奖励的继续予以奖励；入围县享受奖励资金不得低于100万元，奖励资金全部用于扶持油料生产和产业发展。2015年，中央财政继续加大产粮（油）大县奖励力度。四川将产油大县奖励资金统筹使用，设立中央财政产油大县奖励资金项目，按照“排位入围、自愿申报、公开竞争、专家评审、择优排序”的原则，遴选确定项目县，奖励资金全部用于与油料生产和产业发展直接有关的项目支出。

4. 推进现代种业发展支持政策

2015年，国家继续推进种业体制改革，强化种业政策支持，促进现代种业发展。一是实施中央财政对国家制种大县（含海南南繁科研育种大县）奖励政策，采取择优滚动支持的方式加大奖补力度，将主要粮食作物制种保险纳入财政保费补贴目录，支持制种产业发展。二是继续开展新品种展示示范，在国家粮棉油主产区140个大县建立新品种展示示范点，开展现场观摩活动和技术培训，为农民选择优良品种、选用先进栽培技术提供指导和服务。三是继续组织开展打击侵犯品种权和制售假劣种子行为专项行动，保护农民和品种权人利益。四是发布种子供需和价格信息，落实国家救灾备荒种子储备任务5000万公斤，帮助受灾地区生产自救，确保农业生产用种安全。五是推进国家玉米、大豆良种重大科研攻关，实施品种审定绿色通道，组织第三次种质资源全国普查，尽快培育和推广突破性品种。六是推动科研资源、人才向企业流动。在中国农业科学院和中国农业大学等科研机构开展种业成果权益比例改革试点，推动成果赋权和公开交易转化，激发科技人员创新活力。鼓励事业单位种业骨干科技人员到优势种子企业开展技术服务。

（二）畜禽补贴

1. 畜牧良种补贴政策

从2005年开始，国家实施畜牧良种补贴政策。2015年国家继续实施畜牧良种补贴政策，并探索开展优质荷斯坦种用胚胎引进补贴试点，每枚补贴标准5000元。

2. 畜牧标准化规模养殖支持政策

2014年，中央财政共投入资金38亿元支持发展畜禽标准化规模养殖。其中，中央财政安排25亿元支持生猪标准化规模养殖小区（场）建设，安排10亿元支持奶牛标准化规模养殖小区（场）建设，安排3亿元支持内蒙古、四川、西藏、甘肃、青海、宁夏、新疆以及新疆生产建设兵团肉牛肉羊标准化规模养殖场（小区）建设。支持资金主要用于养殖场（小区）水电路改造、粪污处理、防疫、挤奶、质量检测等配套设施建设等。2015年国家继续支持畜禽标准化规模养殖，但因政策资金调整优化等原因，暂停支持生猪标准化规模养殖场（小区）建设一年。

3. 动物防疫补贴政策

动物防疫补贴政策主要包括以下5个方面：一是重大动物疫病强制免疫疫苗补助政策。国家对高致病性禽流感、口蹄疫、高致病性猪蓝耳病、猪瘟、小反刍兽疫等重大动物疫病实行强制免疫政策；强制免疫疫苗经费由中央财政和地方财政按比例分担，养殖场（户）无需支付强制免疫疫苗费用。二是重大动物疫病强制扑杀补助政策。国家对发生高致病性禽流感、口蹄疫、高致病性猪蓝耳病、小反刍兽疫疫情的动物或监测中发现上述疫病呈阳性的动物按相关规定实施强制扑杀，对监测中发现的布病、结核病阳性奶牛实施强制扑杀。国家对因上述疫病扑杀畜禽给养殖者造成的损失予以补助，强制扑杀补助经费由中央财政、地方财政和养殖场

（户）按比例承担。三是基层动物防疫工作补助政策。补助经费主要用于对村级防疫员承担的为畜禽实施强制免疫等基层动物防疫工作的劳务补助。四是养殖环节病死猪无害化处理补助政策。年出栏生猪 50 头以上的养殖场（小区）对养殖环节出现的病死猪进行无害化处理的，国家给予每头 80 元的无害化处理费用补助，补助经费由中央和地方财政共同承担。2015 年，病死猪无害化补助范围由规模养殖场（小区）扩大到生猪散养户。五是生猪定点屠宰环节病害猪无害化处理补贴政策。国家对生猪屠宰环节病害猪损失和无害化处理费用予以补贴，病害猪损失财政补贴标准为每头 800 元，无害化处理费用财政补贴标准为每头 80 元，补助经费由中央和地方财政共同承担。

4. 草原生态保护补助奖励政策

为加强草原生态保护，保障牛羊肉等特色畜产品供给，促进牧民增收，从 2011 年起，国家在内蒙古、新疆、西藏、青海、四川、甘肃、宁夏和云南等 8 个主要草原牧区省（区）和新疆生产建设兵团，全面建立草原生态保护补助奖励机制。内容主要包括：实施禁牧补助，对生存环境非常恶劣、草场严重退化、不宜放牧的草原，实行禁牧封育，中央财政按照每亩每年 6 元的测算标准对牧民给予补助，初步确定 5 年为一个补助周期；实施草畜平衡奖励，对禁牧区域以外的可利用草原，在核定合理载畜量的基础上，中央财政对未超载的牧民按照每亩每年 1.5 元的测算标准给予草畜平衡奖励；给予牧民生产性补贴，包括畜牧良种补贴、牧草良种补贴（每年每亩 10 元）和每户牧民每年 500 元的生产资料综合补贴。2012 年，草原生态保护补助奖励政策实施范围扩大到山西、河北、黑龙江、辽宁、吉林等 5 省和黑龙江农垦总局的牧区半牧区县，全国 13 省（区）所有牧区半牧区县全部纳入了政策实施范围。2014 年，中央财政对 13 个省（区）投入的补奖资金达到了 157.69 亿元。2015 年，国家继续在 13 省（区）实施草原生态保护补助奖励政策。

5. 振兴奶业支持苜蓿发展政策

为提高我国奶业生产和质量安全水平，从 2012 年起，国家实施了“振兴奶业苜蓿发展行动”，中央财政每年安排 3 亿元支持高产优质苜蓿示范片区建设，片区建设以 3000 亩为一个单元，一次性补贴 180 万元（每亩 600 元），重点用于推行苜蓿良种化、应用标准化生产技术、改善生产条件和加强苜蓿质量管理等方面。2015 年继续实施“振兴奶业苜蓿发展行动”。

6. 生猪大县奖励政策

为调动地方政府发展生猪养殖积极性，2014 年中央财政安排奖励资金 35 亿元，专项用于发展生猪生产，具体包括规模化生猪养殖户（场）圈舍改造、良种引进、粪污处理的支出，以及保险保费补助、贷款贴息、防疫服务费用支出等。奖励资金按照“引导生产、多调多奖、直拨到县、专项使用”的原则，依据生猪调出量、出栏量和存栏量权重分别为 50%、25%、25% 进行测算。2015 年中央财政继续实施生猪调出大县奖励。

（三）农机补贴

2015 年，农机购置补贴政策在全国所有农牧业县（场）

范围内实施，补贴对象为直接从事农业生产的个人和农业生产经营组织，补贴机具种类为 11 大类 43 个小类 137 个品目。中央财政农机购置补贴资金实行定额补贴，即同一种类、同一档次农业机械原则上在省域内实行统一的补贴标准，不允许对省内外企业生产的同类产品实行差别对待。一般机具的中央财政资金单机补贴额不超过 5 万元；挤奶机械、烘干机单机补贴额不超过 12 万元；100 马力以上大型拖拉机、高性能青饲料收获机、大型免耕播种机、大型联合收割机、水稻大型浸种催芽程控设备单机补贴额不超过 15 万元；200 马力以上拖拉机单机补贴额不超过 25 万元；大型甘蔗收获机单机补贴额不超过 40 万元；大型棉花采摘机单机补贴额不超过 60 万元。

（四）渔业补贴

1. 渔业柴油补贴政策

渔业油价补助是党中央、国务院出台的一项重要的支渔惠渔政策，也是目前国家对渔业最大的一项扶持政策。2015 年国家继续实施渔业油价补贴政策，并对补贴方式和方法进行调整完善，使渔业油价补贴政策与渔业资源保护和产业结构调整等产业政策相协调，促进渔业可持续健康发展。

2. 渔业资源保护补助政策

2014 年落实渔业资源保护与转产转业转移支付项目资金 4 亿元，其中用于水生生物增殖放流 30600 万元，海洋牧场示范区建设 9400 万元。2015 年该项目继续实施。

3. 以船为家渔民上岸安居工程

2013 年开始，中央对以船为家渔民上岸安居给予补助，无房户、D 级危房户和临时房户户均补助 2 万元，C 级危房户和既有房屋不属于危房但住房面积狭小户户均补助 7500 元。以船为家渔民上岸安居工程的补助对象按长期作业地确定，2010 年 12 月 31 日前登记在册的渔户至少满足以下条件之一的可列为补助对象：一是长期以渔船（含居住船或兼用船）为居所；二是无自有住房或居住危房、临时房、住房面积狭小（人均面积低于 13 平方米），且无法纳入现有城镇住房保障和农村危房改造范围。以船为家渔民上岸安居工程实施期限 2013－2015 年，目标是力争用 3 年时间实现以船为家渔民上岸安居，改善以船为家渔民居住条件，推进水域生态环境保护。2013－2014 年中央预算内投资已安排 10 亿元，补助江苏、浙江、安徽、山东、湖北、湖南、江西、广西、福建、重庆、四川等省（区、市）以船为家渔民上岸安居工程。2015 年国家继续实施这一政策。

4. 渔业保险支持政策

渔业保险有渔业养殖政策性保险和渔业互助保险。自 2014 年开始，省财政将渔业政策性保险纳入特色农业保险，省财政最多补助保费的 30%。目前，成都市、乐山市已经开展了渔业养殖政策性保险试点工作。渔业互助保险是由广大渔民以及其他从事渔业生产经营或为渔业生产经营服务的单位和个人自愿参加的实行互助的非营利性保险。通过组织渔民互助共济，为渔民生命财产损失提供经济补偿，并向渔民提供安全生产服务，提高渔民的防灾和抗灾能力，促进了渔业生产健康持续发展。自 2010 年开始，我省开展了渔业互助保险，目前已有11000渔民参加了渔业互助保险，截止2014年底，共有近百名渔民得到了及时的赔付，共支付理赔金200多万。

（五）农业用地补贴

1. 测土配方施肥补助政策

2015年，中央财政继续投入资金7亿元，深入推进测土配方施肥，免费为1.9亿农户提供测土配方施肥技术服务，推广测土配方施肥技术15亿亩以上。在项目实施上因地制宜统筹安排取土化验、田间试验，不断完善粮食作物科学施肥技术体系，扩大经济园艺作物测土配方施肥实施范围，逐步建立经济园艺作物科学施肥技术体系。加大农企合作力度，推动配方肥进村入户到田，探索种粮大户、家庭农场、专业合作社等新型经营主体配方肥使用补贴试点，支持专业化、社会化配方施肥服务组织发展，应用信息化手段开展施肥技术服务。

2. 耕地保护与质量提升补助政策

2015年中央财政安排8亿元资金，鼓励和支持种粮大户、家庭农场等新型农业经营主体及农民还田秸秆，加强绿肥种植，增施有机肥，改良土壤，培肥地力，促进有机肥资源转化利用，改善农村生态环境，提升耕地质量。一是全面推广秸秆还田综合技术。在南方稻作区，主要解决早稻秸秆还田影响晚稻插秧抢种的问题。在华北地区，主要解决玉米秸秆量大，机械粉碎还田后影响下茬作物生长、农民又将粉碎的秸秆搂到地头焚烧的问题。根据不同区域特点，推广应用不同秸秆还田技术模式。二是加大地力培肥综合配套技术应用力度。集成秸秆还田、增施有机肥、种植肥田作物、施用土壤调理剂等地力培肥综合配套技术，在开展补充耕地质量验收评定试点工作和建设高标准农田面积大、补充耕地数量多的省份大力推广应用。三是加强绿肥种植示范区建设。主要在冬闲田、秋闲田较多，种植绿肥不影响粮食和主要经济作物发展的地区，设立绿肥种植示范区，带动当地农民恢复绿肥种植，培肥地力，改良土壤。2015 年，在东北四省区开展黑土地保护试点工作，选取试点县，综合集成技术模式，加大投入，创新机制，着力改善黑土设施条件，全面提升黑土地质量，促进粮食和农业持续稳定发展。

3. 设施农用地支持政策

为进一步支持设施农业健康发展，2014 年，国家印发了《关于进一步支持设施农业健康发展的通知》，进一步完善了现行的设施农用地政策。一是将规模化粮食生产所必需的配套设施用地纳入“设施农用地”管理。农业专业大户、家庭农场、农民合作社、农业企业等从事规模化粮食生产所必需的配套设施用地，包括晾晒场、粮食烘干设施、粮食和农资临时存放场所、大型农机具临时存放场所等设施用地，按照农用地管理，不需要办理农用地转用审批手续。二是细化了设施农用地管理的要求。生产设施、附属设施、配套设施用地占用耕地的，不需要补充耕地，鼓励采取耕作层剥离等技术措施保护耕地，签订土地复垦协议，替代在实践中很难做到的“占一补一”要求。平原地区规模化粮食生产配套设施建设，选址确实难以避开基本农田的，允许经论证后占用基本农田，并按质保量补划。鼓励地方政府统一建设公用设施，提高农用设施利用效率，集约节约用地。增加非农建设占用设施农用地时，应依法办理农用地转用和落实耕地占补平衡义务。国有农场的农业设施建设与用地，由省级国土资源部门会同农业部门及有关部门根据文件精神，另行制定具体实施办法。三是将设施农用地管理制度由“审核制”改为“备案制”。按照国务院清理行政审批的整体要求，将设施农用地管理由审核制改为备案制，在简化设施农用地审批程序的同时，要求乡镇、县级人民政府和国土、农业部门依据职责依法加强监督管理，并将设施农用地管理情况纳入省级政府耕地保护责任目标考核，落实共同监管责任。

4. 农村土地承包经营权确权登记颁证政策

国家选择山东、四川、安徽3个整省和其他省共27个整县开展试点，其他省份结合实际，稳步扩大试点范围。据统计，截至2014年底，全国1988个县（市、区）开展了农村土地承包经营权确权登记颁证工作。按照中央安排部署，2015年继续扩大试点范围，再选择江苏、江西、湖北、湖南、甘肃、宁夏、吉林、贵州、河南等9个省（区）开展整省试点，其他省（区、市）根据本地情况，扩大开展以县为单位的整体试点，加大宣传指导力度，不断健全完善政策制度，抓紧抓实抓好此项工作。

为切实做好全省农村土地承包经营权确权登记（以下简称“确权登记”）工作，确保确权登记质量，根据有关法律法规的规定以及有关农村土地承包政策，应准确把握农村土地承包经营权确权登记政策界限。

（1）确权登记的依据

根据《物权法》规定，农村土地承包经营权属于用益物权，应实行登记管理和保护；《物权法》和《农村土地承包法》规定，县级以上地方人民政府应当向土地承包经营权人发放土地承包经营权证，并登记造册，确认土地承包经营权。2013 年中央 1 号文件明确提出，用 5 年时间基本完成农村土地承包经营权确权登记颁证工作，妥善解决农户承包地块的实际面积不准、四至边界不清、空间位置不明等问题。

（2）确权登记的政策要求

①坚守“一条”底线。保持现有农村土地承包关系不变是确权登记的政策底线。开展确权登记，不能改变现有农村土地承包关系，更不能打乱重分，而是对农村基本经营制度的进一步巩固和完善，维护农村土地承包政策的连续性和稳定性。

②确保“三个”不得。严格以现有的土地承包合同和土地承包经营权证书为基础，充分利用集体土地所有权确权登记的边界成果，稳妥开展确权登记工作。要切实做到“三个”不得：不得借机打乱原承包关系重新调整，不得非法收回农民承包地，不得借机收取任何费用加重农民负担。

③严格操作规程。要严格执行农业部印发的《农村土地承包经营权登记试点工作规程（试行）》，充分利用现代技术手段，弄清承包地块的四至边界、空间位置，按可耕种的实际面积确权，建立健全承包档案。严禁使用达不到精度要求的影像资料，严禁按系数套算确权面积。

④坚持“两确”“一缓”。要充分尊重农民意愿，确权登

记中的重要事项均应经本集体经济组织成员民主讨论通过后才能实施。对存在争议和纠纷的，先要依法解决再确权；对历史遗留问题，先要予以化解再确权；对矛盾一时解决不了的，要暂缓确权。

（3）确权登记有关具体问题处理的指导意见

①关于确权登记“承包期起止”年限的问题。按照《农村土地承包法》规定，第二轮的耕地承包期为三十年。确权登记是对第二轮土地承包的完善，确权登记的承包期起止年限要与当地第二轮土地承包时的起止年限一致。

②关于土地承包经营权共有人的问题。以第二轮土地承包时的家庭成员为基础，参照家庭现有人口，由承包方书面申请确权登记共有人，发包方审核确认。

③关于机动地的问题。机动地登记给集体经济组织，但台账记载为机动地，实际上以家庭承包方式发包的，按承包地确权登记到户。

④关于互换、转让承包地的问题。在本集体经济组织内部农户之间互换、转让承包地，书面手续齐全后，按现状确权登记。

⑤关于承包地退耕还林的问题。已享受退耕还林政策且已进行林权登记的耕地，不纳入承包地确权登记。

⑥关于承包地四至打乱的问题。因实施土地整理等项目造成四至打乱的承包地，将整理后的面积按原承包地所占份额确权给所涉及农户，四至边界按照整理后地块农户认可的边界填写。

⑦关于纳入城镇规划的承包地确权的问题。已纳入城镇

规划的承包地，未依法办理征占用手续的，应按原承包关系确权登记。

5. 推进农村集体产权制度改革政策

2015年农村集体产权制度改革的重点主要包括：一是按照中央审议通过的《积极发展农民股份合作赋予农民对集体资产股份权能改革试点方案》的要求，指导试点地区重点围绕保障农民集体经济组织成员权利，积极发展农民股份合作，赋予农民对集体资产股份占有、收益、有偿退出及抵押、担保、继承权等三方面开展试点工作。二是按照中央审议通过的《关于农村土地征收、集体经营性建设用地入市、宅基地制度改革试点工作的意见》，指导试点地区重点围绕完善农村土地征收制度、建立农村集体经营性建设用地入市制度、改革完善农村宅基地制度和建立兼顾国家、集体、个人的土地增值收益分配机制等内容开展试点工作。三是贯彻落实《国务院办公厅关于引导农村产权流转交易市场健康发展的意见》，指导各地健全交易规则，完善运行机制，加强交易服务，实行公开交易，促进农村产权流转交易顺利进行。四是按照省委省政府审议通过的《四川省农村集体资产股份合作制改革试点方案》和省农业厅下发的《四川省农村集体经济组织成员资格界定指导意见》的要求，在成都市温江区、龙泉驿区等10个县（市、区）开展农村集体资产股份合作制改革试点，2015年底前完成改革试点。五是抓紧研究制定农村集体产权制度改革指导性文件，进一步明确改革的主要目标、基本原则，提出改革的主要任务，研究出台有关财政、税收、金融、土地等多方面扶持产权制度改革和发展集体经济的政策。

6. 农村土地承包经营权流转政策

为进一步引导农村土地（指承包耕地）经营权规范有序流转，促进农业适度规模经营健康发展，应因地制宜，积极稳妥推进。

（1）指导思想。深入贯彻中央和省委关于全面深化农村改革部署，以坚持农户家庭经营为基础，以放活土地经营权、发展多种形式的适度规模经营为重点，以保障国家粮食安全、促进农业增效和农民增收为目标，推动资本、技术、人才、管理等生产要素向农业集聚，大力培育新型农业经营主体，推进农业经营方式转变，让农民成为土地流转和规模经营的主体和受益者。

（2）基本原则

①坚持“稳制、分权、搞活”原则。在巩固和完善农村基本经营制度的前提下，以改革为动力，坚持农村土地集体所有，推进农户承包权和土地经营权的分离，实现所有权、承包权、经营权三权分置，引导土地经营权规范有序流转，推进家庭经营、集体经营、合作经营、企业经营等多种经营方式共同发展。

②坚持依法、自愿、有偿原则。土地流转应在法律规定的范围内进行；以农民为主体，不得违背承包农户意愿；流转收益应归承包农户所有，任何组织和个人不得侵占、截留、克扣。

③坚持“三个不得”原则。土地流转不得损害农民权益、不得改变土地用途、不得破坏农业综合生产能力和农业生态

环境，确保农地农用。要以政府扶持引导、市场配置资源为取向，因地制宜、循序渐进，不能搞大跃进，不能搞强迫命令，不能搞行政瞎指挥。

④坚持适度规模经营原则。既要注重提升土地经营规模，又要防止土地过度集中、不顾经营能力和经济效益片面追求超大规模经营的倾向，兼顾效率与公平，不断提高劳动生产率、土地产出率和资源利用率。

（3）引导农村土地经营权规范有序流转

①鼓励创新土地流转形式。鼓励承包农户依法采取转包、出租、互换、转让及入股等方式流转承包地。以转包、出租、入股方式流转承包地的，原土地承包关系保持不变；土地互换、转让的，原土地承包关系发生改变。以转包、互换、转让方式流转承包地的，应在本集体经济组织成员之间进行。以转让方式流转的，需经发包方同意；以转包、出租、互换、入股方式流转的，应当依法报发包方备案。鼓励农民在自愿前提下采取互换并地的方式解决承包地细碎化问题。

②严格规范土地流转行为。土地是否流转、价格如何确定、形式如何选择等，应由承包农户自主决定。流转期限应由流转双方在法律规定的范围内协商确定，但不得超过承包期的剩余期限。对自愿流转土地的农户，任何组织和个人不得干预其流转；对个别不愿流转土地的农户，不得以少数服从多数的办法强迫其流转；确实影响到土地集中连片，不便于农田基本建设、农业技术推广等，可引导农户采取相互之间土地互换、与集体机动地互换等办法解决。防止少数基层干部私相授受，谋取私利。严禁通过定任务、下指标或将流

转面积、流转比例纳入绩效考核等方式行政推动土地流转。

③加强土地流转管理和服务。运用土地承包经营权确权登记颁证成果，依托农村经营管理机构建立以县级为中枢、乡级为平台、村为网点的土地流转服务平台和土地流转监测体系，为流转双方提供信息发布、政策咨询等服务。土地流转服务主体可以开展信息沟通、委托流转等服务，但禁止层层转包从中牟利。加强农村土地承包经营纠纷调解仲裁体系建设，健全乡村调解、县（市、区）仲裁、司法保障的纠纷调处机制，妥善化解土地承包经营纠纷。

④合理确定土地经营规模。根据中央精神，结合我省自然经济条件、农村劳动力转移情况、农业机械化水平等因素，土地规模经营标准为户均承包地面积 10 至 15 倍较为适宜，当前对土地经营规模 100 亩左右的应予重点扶持，规模化种粮的地方土地规模经营标准可适当扩大。结合土地整治项目，引导将小田合并成大田，改善基础设施条件，为推动土地流转、发展适度规模经营创造条件。创新规模经营方式，在引导土地资源适度集聚的同时，通过农民的合作与联合、开展社会化服务等多种形式，提升农业规模化经营水平。

⑤加强对工商企业租赁农户承包地的监管和风险防范。工商企业租赁农户承包地要按面积实行分级备案，严格准入门槛，加强事中事后监管，防止浪费农地资源、损害农民土地权益，防范承包农户因流入方违约或经营不善遭受损失。引导租赁农户承包地的工商企业发展良种种苗繁育、高标准设施农业、规模化养殖等适合企业化经营的现代种养业，开发农村荒山、荒沟、荒丘、荒滩“四荒”资源发展多种经

营，从事种植业产前产后服务，开展农业社会化服务。定期对租赁土地企业的农业经营能力、土地用途和租金支付等开展监督检查，及时查处纠正违法违规行为。

（六）农业体系建设政策

1. 农产品追溯体系建设支持政策

为保障农产品质量安全，近年来国家不断加快农产品质量安全追溯体系建设，构建农产品生产、收购、贮藏、运输等各个节点信息的互联互通，实现农产品从生产源头到产品上市前的全程质量追溯。2015 年及今后一段时期，将重点加快制定质量追溯制度、管理规范和技术标准，推动国家追溯信息平台建设，进一步健全农产品质量安全可追溯体系。同时，加大农产品质量安全追溯体系建设投入，不断完善基层可追溯体系运行所需的装备条件，强化基层信息采集、监督抽查、检验检测、执法监管、宣传培训等能力建设。按照先试点再全面推进的原则，对“三品一标”获证主体及产品先行试点，在总结试点经验的基础上，逐步实现覆盖我国主要农产品质量安全的可追溯管理目标。

2. 农产品质量安全县创建支持政策

2014 年，国家启动了农产品质量安全县创建活动，按照落实属地责任、加强全程监管、强化能力提升、推进社会共治的原则，把创建活动重点集中于“菜篮子”产品主产县。从 2015 年开始，中央财政安排 8000 万元财政补助资金，支持农产品质量安全县创建活动，补助资金重点用于制度创设、模式总结探索、人员培训等。

3. 开展农业资源休养生息试点政策

一是开展农产品产地土壤重金属污染综合防治。推动全国农产品产地土壤重金属污染普查与分级管理，设置农产品产地土壤重金属监测国控点，开展动态监测预警，建立农产品产地安全管理的长效机制。在我国南方6省区启动水稻产区稻米重金属污染状况一对一协同监测，以南方酸性水稻土产区为重点区域，开展农产品产地土壤重金属污染治理修复示范，对中轻度污染耕地实行边生产、边修复，在重污染区域，开展禁止生产区划分试点，同时对试点示范农户进行合理补偿。开展湖南重金属污染耕地及农作物种植结构调整试点工作。二是开展农业面源污染治理。建立完善全国农业面源污染国控监测网络，加强太湖、洱海、巢湖和三峡库区等重点流域农业面源污染综合防治示范区建设，在农业面源污染严重或对环境敏感的湖泊、流域，力争实施一批综合治理工程。在养殖、地膜、秸秆等污染问题突出区域，实施规模化畜禽养殖污染治理、水产健康养殖、全生物可降解膜示范、农田残膜回收与再生、秸秆综合利用示范等。三是积极探索农业生态补偿机制构建。进一步加强在重点流域的农业面源污染防治生态补偿试点工作，对采用化肥农药减施、农药残留降解等环境友好型技术和应用高效、低毒、低残留农药和生物农药的农户进行补贴，鼓励农户采用清洁生产方式，从源头上控制农业面源污染的发生。

4. 基层农技推广体系改革与建设补助项目政策

2015年中央财政安排基层农技推广体系改革与建设补助项目26亿元，基本覆盖全国农业县。主要用于支持项目县深化基层农技推广体系改革，完善以“包村联户”为主要形式的工作机制和“专家＋农业技术人员＋科技示范户＋辐射带动户”的服务模式，推动农技推广服务信息化工作，改善推广服务手段，推进农技推广服务特岗计划，补充推广人才队伍，全面推进农业科技进村入户。

（七）农村金融政策

1. 金融支持农业规模化生产与集约化经营政策

去年下半年，国家有关部门发布了金融支持农业规模化生产和集约化经营的指导意见，主要内容包括：加大对农业规模化生产和集约化经营的信贷投入。将各类农业规模经营主体纳入信用评定范围，建立信用档案，提高授信额度，支持农业产业化龙头企业依法通过兼并、重组、收购、控股等方式组建大型农业企业集团，合理运用银团贷款方式，满足农业规模经营主体大额资金需求。围绕地方特色农业，以核心企业为中心，捆绑上下游企业、农民合作社和农户，开发推广订单融资、动产质押、应收账款保理和产商银等多种供应链融资产品。探索以厂商、供销商担保或回购等方式，推进农用机械设备抵押贷款业务。稳妥推动开展农村土地承包经营权抵押贷款试点，探索土地经营权抵押融资业务新产品，支持农业规模经营主体通过流转土地发展适度规模经营。强化对农业规模化生产和集约化经营重点领域的支持。在产业项目方面，重点支持农业科技、现代种业、农机装备制造、设施农业、农业产业化、农产品精深加工等现代农业项目。在农业基础设施方面，重点支持耕地整理、农田水利、商品粮棉生产基地和农村民生工程建设。在农产品流通领域，重点支持批发市场、零售市场和仓储物流设施建设。

2. 农业保险支持政策

目前，中央财政提供农业保险保费补贴的品种有玉米、水稻、小麦、棉花、马铃薯、油料作物、糖料作物、能繁母猪、奶牛、育肥猪、天然橡胶、森林、青稞、藏系羊、牦牛等，共计15个。对于种植业保险，中央财政对中西部地区补贴40%，对东部地区补贴35%，对新疆生产建设兵团、中央直属垦区、中储粮北方公司、中国农业发展集团公司（以下简称中央单位）补贴65%，省级财政至少补贴25%。对能繁母猪、奶牛、育肥猪保险，中央财政对中西部地区补贴50%，对东部地区补贴40%，对中央单位补贴80%，地方财政至少补贴30%。对于公益林保险，中央财政补贴50%，对大兴安岭林业集团公司补贴90%，地方财政至少补贴40%；对于商品林保险，中央财政补贴30%，对大兴安岭林业集团公司补贴55%，地方财政至少补贴25%。中央财政农业保险保费补贴政策覆盖全国，地方可自主开展相关险种。2015年，国家将进一步加大农业保险支持力度，提高中央、省级财政对主要粮食作物保险的保费补贴比例，逐步减少或取消产粮大县县级保费补贴，不断提高稻谷、小麦、玉米三大粮食品种保险的覆盖面和风险保障水平；鼓励保险机构开展特色优势农产品保险，有条件的地方提供保费补贴，中央财政通过以奖代补等方式予以支持；扩大畜产品及森林保险范围和覆盖区域；鼓励开展多种形式的互助合作保险。

3. 发展新型农村合作金融组织政策

2015年，国家继续支持农民合作社和供销合作社发展农村合作金融。我省由省委农工委牵头，选择凉山等市（州）部分农民合作社开展资金互助社试点，丰富农村地区金融机构类型。开展资金互助、信用合作试点，必须坚持社员制、封闭性原则，坚持不对外吸储放贷、不支付固定回报，严禁从事非法集资活动，并建立风险防范机制和风险应急预案，确保资金安全，维护成员合法权益。同时，要按中央和省上的有关政策规定，定期开展清理整顿，自觉规范行为，防止违规吸资吸筹。

4. 扶持农民合作社发展政策

国家鼓励农村发展合作经济，扶持发展规模化、专业化、现代化经营，允许财政项目资金直接投向符合条件的合作社，允许财政补助形成的资产转交合作社持有和管护，允许合作社开展信用合作。引导农民专业合作社拓宽服务领域，促进规范发展，实行年度报告公示制度，深入推进示范社创建行动。2014年，中央财政扶持农民合作组织发展资金规模达到了20亿元，并在北京、吉林、浙江、湖北、重庆五省市开展合作社贷款担保保费补助试点。2015年，除继续落实现行的扶持政策外，将深入推进合作社规范发展，启动国家示范社动态监测，把运行规范的合作社尤其是示范社作为政策扶持重点和国家"三农"建设项目的重要承担主体；引导督促合作社开展年度报告公示，及时准确报送和公示生产经营、资产状况等信息；坚持社员制封闭性，依托产业发展，按照对内不对外、吸股不吸储、分红不分息的原则，经有关部门批准后，允许农民合作社谨慎开展内部资金互助试点。

（八）其他政策

1. 小麦、水稻最低收购价政策

为保护农民利益，防止“谷贱伤农”，2015 年国家继续在粮食主产区实行最低收购价政策，执行小麦最低收购价政策的主产区为河北、江苏、安徽、山东、河南、湖北 6 省，执行稻谷最低收购价政策的早籼稻主产区为安徽、江西、湖北、湖南、广西 5 省（区）；中晚稻（包括中晚籼稻和粳稻）主产区为辽宁、吉林、黑龙江、江苏、安徽、江西、河南、湖北、湖南、广西、四川 11 省（区）。小麦（三等）最低收购价格每 50 公斤 118 元，早籼稻（三等，下同）、中晚籼稻和粳稻最低收购价格分别为每 50 公斤 135 元、138 元和 155 元，保持 2014 年水平不变。

2. 菜、果、茶标准化创建支持政策

2015 年继续开展园艺作物标准园创建，在蔬菜、水果、茶叶专业村实施集中连片推进，实现由“园”到“区”的拓展。特别是要把标准园创建和老果茶园改造有机结合，与农业综合开发、植保专业化统防统治、测土配方施肥等项目实施紧密结合，打造一批规模化种植、标准化生产、商品化处理、品牌化销售和产业化经营的高标准、高水平的蔬菜、水果、茶叶标准园和标准化示范区。

为实现蔬菜周年均衡供应，重点抓好“三提高”：一是提高蔬菜生产能力，继续抓好北方城市设施蔬菜生产，积极争取扩大试点规模，提供可复制的技术模式，提高资源利用率及北方冬春蔬菜自给能力；二是提高蔬菜生产科技水平，

加快推广一批高产、优质、多抗的蔬菜新品种，重点选育推广适合设施栽培的茄果类新品种，蔬菜标准园创建以集成示范推广区域性、标准化的栽培技术为重点，提高蔬菜生产的科技水平；三是提高蔬菜生产的组织化水平。2015 年，在菜果茶标准化创建项目的资金安排上，加大对种植大户、专业化合作社和龙头企业发展标准化生产的支持力度，推进蔬菜生产的标准化、规模化、产业化。

3. 化肥、农药零增长支持政策

2015 年财政专项安排 996 万元，继续在北京等 17 个省（市）的 42 个蔬菜、水果、茶叶等园艺作物生产大县开展低毒生物农药示范补助试点，补助农民因采用低毒生物农药而增加的用药支出，鼓励和带动低毒生物农药的推广应用。

4. 农产品产地初加工支持政策

2015 年，中央财政继续安排 6 亿元转移支付资金，采取“先建后补”方式，按照不超过单个设施平均建设造价 30% 的标准实行全国统一定额补助，扶持农户和农民合作社建设马铃薯贮藏窖、果蔬贮藏库和烘干房等三大类 18 种规格的农产品产地初加工设施。实施区域为河北、内蒙古、辽宁、吉林、福建、河南、湖南、四川、云南、陕西、甘肃、宁夏、新疆等 13 个省（区）和新疆生产建设兵团。

5. 开展村庄人居环境整治政策

推进新一轮农村环境连片整治，重点治理农村垃圾和污水。推行县域农村垃圾和污水治理的统一规划、统一建设、统一管理，有条件的地方推进城镇垃圾污水设施和服务向农村延伸。建立村庄保洁制度，推行垃圾就地分类减量和资源回收利用。大力开展生态清洁型小流域建设，整乡整村推进农村河道综合治理。推进规模化畜禽养殖区和居民生活区的科学分离，引导养殖业规模化发展，支持规模化养殖场畜禽粪污综合治理与利用。逐步建立农村死亡动物无害化收集和处理系统，加快无害化处理场所建设。合理处置农田残膜、农药包装物等废弃物，加快废弃物回收设施建设。推动农村家庭改厕，全面完成无害化卫生厕所改造任务。适应种养大户等新型农业经营主体规模化生产的需求，统筹建设晾晒场、农机棚等生产性公用设施，整治占用乡村道路晾晒、堆放等现象。大力推进农村土地整治，节约集约使用土地。

6. 培育新型职业农民政策

2015 年中央财政安排 11 亿元农民培训经费，继续大力实施新型职业农民培育工程，在全国 4 个整省、20 个整市和 500 个示范县开展重点示范培育，围绕主导产业开展农业技能和经营能力培训，加大对专业大户、家庭农场经营者、农民合作社带头人、农业企业经营管理人员、农业社会化服务人员和返乡农民工的培养培训力度。同时制定专门规划和政策，整合教育培训资源，围绕“调结构、转方式”的目标，培育 1 万名现代青年农场主，壮大新型职业农民队伍，构建新型职业农民教育培训、认定管理和政策扶持互相衔接配套的培育制度，为现代农业发展提供人力支撑，确保农业发展后继有人。

7. 加快推进农业转移人口市民化政策

十八届三中全会明确提出要推进农业转移人口市民化，逐步把符合条件的农业转移人口转为城镇居民。政策措施主要包括三个方面：一是加快户籍制度改革。全面放开建制镇和小城市落户限制，有序放开中等城市落户限制，合理确定大城市落户条件，严格控制特大城市人口规模。建立城乡统一的户口登记制度。建立居住证制度，以居住证为载体，建立健全与居住年限等条件相挂钩的基本公共服务提供机制。二是扩大城镇基本公共服务覆盖面。保障农业转移人口随迁子女平等享有受教育权利。面向农业转移人口全面提供政府补贴职业技能培训服务，将农业转移人口纳入社区卫生和计划生育服务体系，把进城落户农民完全纳入城镇社会保障体系和城镇住房保障体系，加快建立覆盖城乡的社会养老服务体系。三是保障农业转移人口在农村的合法权益。加快推进农村土地确权登记颁证，依法保障农民的土地承包经营权、宅基地使用权。推进农村集体经济组织产权制度改革，保障成员的集体财产权和收益分配权。坚持依法自愿有偿原则，引导农业转移人口有序流转土地承包经营权。现阶段，不得以退出土地承包经营权、宅基地使用权、集体收益分配权作为农民进城落户的条件。

8. 村级公益事业一事一议财政奖补政策

村级公益事业一事一议财政奖补，是政府对村民通过一事一议筹资筹劳开展村级公益事业建设进行奖励或补助的政策，财政奖补资金主要由中央、省市、县财政安排。奖补范围主要包括，农民直接受益的村内小型水利设施、村内道路、环卫设施、植树造林等公益事业建设。财政奖补既可以是资金奖励，也可以是实物补助。2014 年中央财政安排奖补资金 228 亿元，各级财政奖补资金超过 500 亿元，有效地改善了农民生产生活条件。2015 年，国家继续提高政府对农民筹资筹劳的奖补力度和中央财政占政府奖补资金的比例，进一步完善一事一议财政奖补机制，推进村级公益事业建设有序发展。

9. 扶持家庭农场发展政策

2015 年国家有关部门将采取一系列措施引导支持家庭农场健康稳定发展，主要包括：开展示范家庭农场创建活动，推动落实涉农建设项目、财政补贴、税收优惠、信贷支持、抵押担保、农业保险、设施用地等相关政策，加大对家庭农场主的培训力度，鼓励中高等学校特别是农业职业院校毕业生、新型农民和农村实用人才、务工经商返乡人员等兴办家庭农场。发展多种形式的适度规模经营。鼓励有条件的地方建立家庭农场登记制度，明确认定标准、登记办法、扶持政策，推动相关部门采取奖励补助等多种办法，扶持家庭农场健康发展。

10. 引导工商资本到农村发展适合企业化经营的种养业政策

农业部、中央农办、国土资源部、国家工商总局四部门联合下发的《关于加强对工商资本租赁农地监管和风险防范的意见》明确，引导工商资本到农村发展适合企业化经营的现代种养业，主要是鼓励其重点发展资本、技术密集型产业，从事农产品加工流通和农业社会化服务，推动传统农业加速向现代农业转型升级，促进一二三产业融合发展。鼓励工商资本发展良种种苗繁育、高标准设施农业、规模化养殖等适合企业化经营的现代种养业，开发农村“四荒”资源发展多种经营，投资开展土地整治和高标准农田建设。同时，工商资本进入农业应通过利益联结、优先吸纳当地农民就业等多种途径带动农民共同致富，不排斥农民，不代替农民，实现合理分工、互利共赢，让农民更多地分享现代农业增值收益。

二、2004－2015 年中央一号文件的主要内容

从 1982 年至 1986 年中央连续五年发布三农主题的一号文件，在农村改革史上成为专有名词——“五个一号文件”。2004 年起中央又年年发布关注三农的一号文件。

2004 年，《关于促进农民增加收入若干政策的意见》，主要内容包括：一、集中力量支持粮食主产区发展粮食产业，促进种粮农民增加收入。二、继续推进农业结构调整，挖掘农业内部增收潜力。三、发展农村二、三产业，拓宽农民增收渠道。四、改善农民进城就业环境，增加外出务工收入。五、发挥市场机制作用，搞活农产品流通。六、加强农村基础设施建设，为农民增收创造条件。七、深化农村改革，为农民增收减负提供体制保障。八、继续做好扶贫开发工作，解决农村贫困人口和受灾群众的生产生活 困难。九、加强党对促进农民增收工作的领导，确保各项增收政策落到实处。

2005 年，《关于进一步加强农村工作提高农业综合生产能力若干政策的意见》，主要内容包括：一是强调了提高农业综合生产能力。二是突出了行之有效的政策要稳定、完善和加强。三是提出了随着综合国力的增强，要逐步完善国家对农业投入稳步增加的机制，并要建立既适应中国国情，又符合世界贸易组织规则的对农业和农民的保护措施。四是要

加快农村教育、卫生等社会事业的发展。五是强调各级党委和政府都要深刻认识做好农业、农村工作对于经济社会全局的重要性，加强农村党组织的建设，建立健全村民自治制度，维护和保障农民的经济利益和民主权利，促进农村经济社会的全面发展。

2006 年，《关于推进社会主义新农村建设的若干意见》，主要内容包括：一、保护被征地农民利益。二、加快水电气路基础设施建设。三、加快建立工业反哺农业机制。四、强化对农民和农业直接补贴。五、允许外资参股乡村社区金融机构。六、后年普及新型农村合作医疗制度。七、采取措施减轻农民教育负担。八、5 年内乡镇机构编制只减不增。

2007 年，关于积极发展现代农业扎实推进社会主义新农村建设的若干意见。主要内容包括：加大对“三农”的投入力度，建立促进现代农业建设的投入保障机制；加快农业基础建设，提高现代农业的设施装备水平；推进农业科技创新，强化建设现代农业的科技支撑；开发农业多种功能，健全发展现代农业的产业体系；健全农村市场体系，发展适应现代农业要求的物流产业；培养新型农民，造就建设现代农业的人才队伍；深化农村综合改革，创新推动现代农业发展的体制机制；加强党对农村工作的领导，确保现代农业建设取得实效。

2008 年，《关于切实加强农业基础设施建设进一步促进农业发展农民增收的若干意见》，主要内容包括：一、加快构建强化农业基础的长效机制。二、切实保障主要农产品基本供给。三、突出抓好农业基础设施建设。四、着力强化农业科技和服务体系基本支撑。五、逐步提高农村基本公共服务水平。五、逐步提高农村基本公共服务水平。七、扎实推进农村基层组织建设。八、加强和改善党对“三农”工作的领导。

2009年，《关于促进农业稳定发展农民持续增收的若干意见》，主要内容包括：一、加大对农业的支持保护力度。二、稳定发展农业生产。三、强化现代农业物质支撑和服务体系。四、稳定完善农村基本经营制度。五、推进城乡经济社会发展一体化。

2010年，《关于加大统筹城乡发展力度进一步夯实农业农村发展基础的若干意见》，主要内容包括：一、健全强农惠农政策体系，推动资源要素向农村配置。二、提高现代农业装备水平，促进农业发展方式转变。三、加快改善农村民生，缩小城乡公共事业发展差距。四、协调推进城乡改革，增强农业农村发展活力。五、加强农村基层组织建设，巩固党在农村的执政基础。

2011年，《关于加快水利改革发展的决定》，主要内容包括：一、新形势下水利的战略地位。二、水利改革发展的指导思想、目标任务和基本原则。三、突出加强农田水利等薄弱环节建设。四、全面加快水利基础设施建设。五、建立水利投入稳定增长机制。六、实行最严格的水资源管理制度。七、不断创新水利发展体制机制。

2012年，《关于加快推进农业科技创新持续增强农产品供给保障能力的若干意见》，主要内容包括：一、加大投入强度和工作力度，持续推动农业稳定发展。二、依靠科技创新驱动，引领支撑现代农业建设。三、提升农业技术推广能力，大力发展农业社会化服务。四、加强教育科技培训，全面造就新型农业农村人才队伍。五、改善设施装备条件，不断夯实农业发展物质基础。六、提高市场流通效率，切实保障农产品稳定均衡供给。

2013 年，《关于加快发展现代农业，进一步增强农村发展活力的若干意见》，主要内容包括：一、建立重要农产品供给保障机制，努力夯实现代农业物质基础。二、健全农业支持保护制度，不断加大强农惠农富农政策力度。三、创新农业生产经营体制，稳步提高农民组织化程度。四、构建农业社会化服务新机制，大力培育发展多元服务主体。四、构建农业社会化服务新机制，大力培育发展多元服务主体。六、改进农村公共服务机制，积极推进城乡公共资源均衡配置。七、完善乡村治理机制，切实加强以党组织为核心的农村基层组织建设。

2014 年，《关于全面深化农村改革加快推进农业现代化的若干意见》，进一步解放思想，稳中求进，改革创新，坚决破除体制机制弊端，坚持农业基础地位不动摇，加快推进农业现代化。主要内容包括：一、完善国家粮食安全保障体系。二、强化农业支持保护制度。三、建立农业可持续发展长效机制。四、深化农村土地制度改革。五、构建新型农业经营体系。六、加快农村金融制度创新。七、健全城乡发展一体化体制机制。八、改善乡村治理机制。

2015 年，《关于加大改革创新力度 加快农业现代化建设的若干意见》，主要内容：围绕建设现代农业，加快转变农业发展方式；围绕促进农民增收，加大惠农政策力度；围绕城乡发展一体化，深入推进新农村建设；围绕增添农村发展活力，全面深化农村改革；围绕做好“三农”工作，加强农村法治建设。

第三节 农业法律法规概述

一、法律、法规与农业法规的概念

（一）法律的概念

法律是国家制定或认可的，由国家强制力保证实施的，以规定当事人权利和义务为内容的具有普遍约束力的社会规范。广义的法律：是指法的整体，包括法律、有法律效力的解释及行政机关为执行法律而制定的规范性文件（如规章）。狭义的法律：专指拥有立法权的国家权力机关依照立法程序制定的规范性文件。

（二）法规的概念

法规指国家机关制定的规范性文件。如我国国务院制定和颁布的行政法规，省、自治区、直辖市人大及其常委会制定和公布的地方性法规。省、自治区人民政府所在地的市，经国务院批准的较大的市的人大及其常委会，也可以制定地方性法规，报省、自治区的人大及其常委会批准后施行。法规也具有法律效力。

（三）农业法规的概念

农业法规是国家制定或认可的、并由国家强制力保证实施的、关于农业生产经营的规范性法律文件的总称。它包括国家权力机关、国家行政机关以及地方机关制定和颁布的，适用于农业经济领域的法律、行政法规、地方性法规以及政府规章等规范性文件。

二、现行农业法律层级体系简介

农业法律体系是指适应农业和农村经济改革与发展要求的农业法律规范构成的一个有机整体。在目前我国以宪法为核心的制定法形式下，农业法律体系包含以下四个层级：

（一）农业法律

即由全国人民代表大会及常务委员会制定的，专门调整人们在农业生产经营和建设中形成的各种社会关系的规范性法律文件。如《农业法》《农村土地承包法》等。

（二）农业行政法规

即由国务院根据宪法和法律授权制定的，关于农业行政管理活动的各种规范性法律文件，是农业法规的主要表现之一。如《农药管理条例》《基本农田保护条例》《兽药管理条例》等。

（三）农业地方性法规

即由省级或具有立法权的市、自治州（县）人大及其常委会制定的，在本行政区域内实行的关于农业行政管理活动的规范性法律文件。如《四川省农作物种子管理条例》《四川省农药管理条例》《四川省<中华人民共和国土地承包法>实施办法》。

（四）农业规章

规章又分为两种类型：一是部门规章，即由国务院各部委根据法律和国务院的行政法规、决定、命令制定的规范性法律文件。农业部门规章由国务院农业行政主管部门以“农业部令”的形式颁布。二是政府规章，即是省、自治区、直辖市人民政府、国务院批准的较大的市的人民政府，根据法律和国务院的行政法规、决定、命令制定的规范性法律文件，一般以“省政府令”的形式颁布。

三、我国农业立法情况

新中国成立以来以及今后农业及农村法制的发展大致可以划分为四个阶段：

（一）产品经济法制阶段

这一时期，国家基本上依靠行政手段管理农业和农村经济，法制涉及的面很窄。就立法而言，其内容基本上是关于土地管理或者民事活动以及农民作为一个公民的权益和义务等方面的规定。农业和农村法制工作没有纳入政府的工作日程。

（二）有计划的商品经济法制阶段

党的十一届三中全会以后，我国开始实行有计划的商品经济体制，农村经济进行了一系列改革，农业和农村法制经历一个由不重视到逐步重视并得到较快发展的过程。农业和农村经济方面的法律主要有：农业法、土地管理法、森林法、水法、草原法、水土保持法、农业技术推广法等。与此同时，农业法制结构开始建立，依法行政、依法治农、依法建农工作也取得了初步成效。但也有不足之处，这一时期的农业与农村法制建设受到当时经济体制的制约，带有浓厚的计划经济思想，法制工作中的行政色彩也很强，没有真正贯彻“公平、平等”的思想。

（三）有计划的商品经济法制向市场经济法制发展的过渡阶段

这是我国农业和农村法执法建设迈向市场经济法制阶段的准备时期，党的十四大关于建立社会主义市场经济的决定和党的十五大提出的依法治国基本国策，把建设有中国特色社会主义伟大事业推向一个新的阶段，客观上要求法制建设也要相应融入一个新的阶段。2003 年 3 月 1 日起施行的新《农业法》，是我国新时期农业与农村经济发展进程中的一件大事，适应我国农业和农村经济发展新形势的要求，进一步明确了农业和农村经济发展的基本目标以及农业发展和农村改革的一系列基本制度，体现了农业一体化发展的要求，是一部农业基本法；强化了对新阶段农业发展的支持和保障措施，是一部农业发展法；确立了农村改革的基本方向，是一部农村改革促进法；反映了维护广大农民群众利益的根本要求，是一部农民权益保障法。

（四）市场经济法制阶段

市场经济的法治观念已经确立，相应的法律法规体系已经建成，法律在社会、经济的各个方面起着重要的作用，农业和农村经济工作在法制的轨道上高效率的运行，实现依法护农、依法促农、依法治农，使农业和农村经济得到持续、稳定的发展。

第四节 农业政策与农业法规的关系

一、农业政策与农业法规的关联性

（一）同一阶级属性

农业政策与农业法规都是工人阶级和广大人民意志的表现，都是党和国家进行社会主义革命和社会主义建设的重要工具，都是上层建筑的不同组成部分，都是由社会的物质生活条件所决定，也同为经济基础服务，其基本内容是根本一致的。

（二）政策是制定法律的依据，法律是政策的体现

政策是党和国家为指导和影响经济活动所制定并付诸实施的准则和措施，政策具有号召性和指导性。政策由于其所指导、调整的关系不同、任务不同，又分为总政策和具体政策。党的十一届三中全会以来，把工作的着重点转移到经济建设上来，坚持四项基本原则，坚持改革、开放、搞活，这就是党的总方针、总政策。然而，在经济类别不同的地区，

如在沿海地区和内地，在城市和农村，在发达地区和西部欠发达地区，对改革、开放、搞活则规定了不同的政策，这就是具体政策。现阶段，我国法律就是根据党的总政策和具体政策而制定的，同时，法律又充分反映了党的政策。

（三）法律是政策的具体化、条文化和定型化

法律是以行为规范的方式约束人们的行为，政策是以原则的要求引导人们的行为。国家制定法律是把政策加以规范化，把原则加以具体化，以肯定、明确的形式，规定人们应该做什么，可以做什么，不应该做什么，这在法学上称为“作为”和“不作为”。这就是法律对政策的具体化、条文化、定型化。政策之所以要运用法律形式固定下来和表现出来，就是因为法律具有明确性、稳定性和强制性，便于适用国家强制力来保证法律化了的政策的贯彻执行。因此，法律就成为实现政策的重要手段和有力武器。但政策是否都要制定为法律，这不是绝对的。哪些政策制定为法律，何时制定为法律，要看具体情况、实践检验、贯彻执行政策的经验成熟程度等因素而定。

二、农业政策与农业法规的主要区别

（一）国家强制性方面的区别

由于法是国家意志和国家权力的体现，是由国家专政机关的强制力来保证实施的，具有人人必须遵守的属性。违法就要承担法律责任，受到法律制裁。然而，政策本身不具有这一属性，但党的政策通过国家接受，形成法律，便具有人

人遵守的法律效力。有人违反或破坏了党的政策而受到法律制裁，那是因为他的行为已构成了违法，而不是因为党的政策本身具有国家强制性。

所以，用政策所指导和规范的社会行为较之法律缺乏威力：一是政策的约束力不如法律。政策执行与否、执行好坏，除了作为考核干部的依据外，难以有量化指标和追究责任的标准，从某种意义上讲，政策是“软件”，法律是“硬件”。二是政策的权威性不如法律。党的政策除了以法的形式来体现，从而具有强制性外，很多政策通过社会团体和群众组织的活动来体现，通过宣传、教育和党员的模范带头作用来体现，缺乏法的强制性，从而出现有些单位和部门对农业发展政策视而不见、充耳不闻，合口味就执行，不合口味就搁在一边，软拖硬抗，顶着不办等现象，严重影响了农村正常经济秩序的建立，挫伤了农民发展商品生产的积极性。

（二）规范性方面的区别

法表现为国家的规范性文件和原则性的规范，表现为设立权利义务和保护这些权利义务而规定的法律措施、法律手段。所以，通俗地讲，法就是以国家的名义明确规定人们在一定关系中的行为规则，确定人们在一定关系中的权利和义务；也明确规定人们应该做什么，可以做什么，不能做什么；怎样做是合法的，怎样做是非法的，以及违法将会导致怎样的法律后果。这就便于人们遵守和执行，便于广大群众、社会舆论和专门机关对执法的监督，做到有法可依。政策虽然也规范人们的行为，但一般比较原则，不具体，没有解释性的内容，只有应该怎样，没有为什么应该这样和为什么是那样。因此，有些政策的执行者对政策也不甚了解，很难创造性地开展工作。

(三) 稳定性方面的区别

法具有国家意志的属性，法的制定和颁布要经过法定的程序，不能随意修改和废止，而且法的修改也要通过一定的法律程序。而党的政策表现为党的文件，其内容主要涉及政治原则、政治方向和领导国家事务的重大决策。政策在一定程度上是针对当时当地的情况而做出的规定，往往随着时间的推移或客观情况的变迁甚至人为的因素而失去效力。广大农民对党的农村政策是衷心拥护的，但怕政策“变”，在一定程度上成了深化改革的一大心理障碍。

在调整的灵活性方面，政策优于法。法是调整经济生活、政治生活、社会生活中的一些重要的、必要的须用权力进行干预的行为。而政策，特别是党的政策调整的范围更为广泛，包括精神生活、伦理道德、文化教育等。

三、农业政策与农业法规辩证运用的统一

(一) 理论上要提高认识

政策与法规都是治理国家的重要工具，相辅相成，但是由于两者的特点不同、作用不同，不能只运用一个工具而丢掉另一个工具，不能互相替代。在这个问题上，要正确认识，既要反对把两者完全割裂开来、对立起来的观点，又要反对把两者简单等同起来的观点。这两种倾向都是错误的，它们

都会导致只重视法律而忽视政策，或者只重视政策而忽视法律的片面性错误。实际上，这两者各有所用，各有各的价值，应当相互配合、互相促进，使之各得其所，起到相得益彰的作用。应特别重视维护法律的权威性，同时也不应忽视政策的重要意义。既要依靠政策，也要依靠法律。依靠政策指导法律、法规的正确制定和实施，依靠法律、法规保证政策的稳定和有效贯彻。既要执行政策，也要执行法律。要在维护法律的威信的前提下，及时、正确地处理好两者之间的矛盾，充分发挥它们之间相互联系、相互促进的作用。

（二）在实践运用中应掌握的原则

有法律规定的，应依法办事和执行。无法律规定、但有政策规定的，应依政策办事和执行。法律与政策本身有冲突的，应依法办事和执行。

（三）执行与调整

如果在实际工作中，发现法律法规不符合当前的实际情况，原则上仍应按现行法律法规办事和执行，但应尽快通过法定程序修改法律法规，使之符合实际。由于我国社会经济各项事业健康快速发展，现有的法律法规可能不完全适应发展的需要，必须通过法定程序修改。

第二章

农业法律法规概述

第一节 法 律

一、中华人民共和国农业法

农业是国民经济、社会安定和国家自立的基础，农业的稳定发展是国民经济稳定增长的前提，农业法在其中起着基础性的作用。1993 年 7 月 2 日第 8 届全国人民代表大会常务委员会第 2 次会议通过《中华人民共和国农业法》（以下简称农业法）。2012 年 12 月 28 日第 11 届全国人民代表大会常务委员会第 30 次会议通过对农业法进行第二次修正。

（一）农业法的概念

农业法的概念有广义和狭义之分。广义的农业法是调整人们在农业经济活动中所发生的特定农业经济关系的法律规范的总称，包括国家权力机关、国家行政机关以及地方机关制定和颁布的规范农业经济主体行为和调控农业经济活动的法律、行政法规、地方法规和政府规章等规范性文件。狭义的农业法是指国家立法机关通过立法程序制定和颁布的，对于农业领域中的根本性、全局性的问题进行规定的规范性文件，如《中华人民共和国农业法》。本节是在狭义上使用农业法的概念。

（二）农业法的调整对象和调整范围

农业法的调整对象是特定的农业经济关系。具体来说，包括以下几个方面：

1. 农业经济管理关系

农业经济管理关系包括：（1）国家对农业经济的管理关系，这是国家对农业生产部门、流通部门和其他与农业生产流通有关的部门进行统一组织、指挥、协调和管理的关系。（2）国家机关与农业生产经营组织或农业劳动者之间的农业经济管理关系，主要是指主管农业的经济管理部门或其他与农业有关的经济管理部门根据其职能和权限，对下属农业生产经营组织或农业劳动者的农业经济管理关系。（3）农业生产经营组织内部的农业经济管理关系，主要包括农业生产经营组织的管理体制，组织内各部门的职责和权限，农业生产责任制等。

2. 农业经济监督关系

农业经济监督关系主要是指国家经济监督管理部门根据法律法规的规定，对农业经济活动进行监督时与农业生产经营组织或农业劳动者之间形成的经济关系。

（三）农业法的基本原则

农业法的基本原则，是贯彻在农业法律法规之中的，具有普遍的指导意义。它既是农业法的立法基础，同时也是农业法执法和守法的基本准则。主要包括：保障农业在国民经济中基础地位原则；坚持和完善我国基本经济制度，稳定家庭承包责任制和统分结合的双层经营体制，发展农村经济原则；坚持科教兴农和农业可持续发展原则；保护农民和农业生产经营组织的合法权益原则。

（四）农业法的立法目的

加强农业立法的目的是：为了巩固和加强农业在国民经济中的基础地位，深化农村改革，发展农业生产力，推进农业现代化，维护农民和农业生产经营组织的合法权益，增加农民收入，提高农民科学文化素质，促进农业和农村经济的持续、稳定、健康发展，实现全面建设小康社会的目标。

（五）农业生产经营体制

根据法律规定，我国农业生产经营体制包括以下方面：

（1）国家实行农村土地承包经营制度，依法保障农村土地承包关系的长期稳定，保护农民对承包土地的使用权。

（2）国家鼓励农民在家庭承包经营的基础上自愿组成各类专业合作经济组织。

（3）农民和农业生产经营组织可以自愿按照民主管理、按劳分配和按股分红相结合的原则，以资金、技术、实物等入股，依法兴办各类企业。

（4）国家采取措施发展多种形式的农业产业化经营，鼓励和支持农民和农业生产经营组织发展生产、加工、销售一体化经营。

（5）农民和农业生产经营组织可以按照法律、行政法规成立各种农产品行业协会，为成员提供生产、营销、信息、技术、培训等服务，发挥协调和自律作用，提出农产品贸易救济措施的申请，维护成员和行业的利益。

（六）农业生产

农业生产是农业的核心，是实现全面小康社会最基础的物质保障。必须采取强有力的措施，树立大农业观念，积极发展优质、高产、高效益的农业，提高农产品的国际竞争力。为此，农业法相关规定主要包括：

1. 农业发展规划制度

根据《农业法》第 15 条规定，农业发展规划，是指县级以上人民政府根据国民经济和社会发展的中长期规划、农业和农村经济发展的基本目标和农业资源区划，制定的一定时期内农业发展的全面部署及合理安排，是农业和农村经济结构调整的重要依据。

2. 改善农业生产条件制度

《农业法》第 17 条规定，“各级人民政府应当采取措施，加强农业综合开发和农田水利、农业生态环境保护、乡村道路、农村能源和电网、农产品仓储和流通、渔港、草原围栏、动植物原种良种基地等农业和农村基础设施建设，改善农业生产条件，保护和提高农业综合生产能力。”加强动植物良种的选育和推广，实施种子工程和畜禽良种工程；加强农田水利设施建设，发展节水型农业；使用先进、适用的农业机械，提高农业机械化水平；发展为农业服务的气象事业，提高对气象灾害的监测和预报水平等。

3. 农产品质量安全保障制度

农产品质量安全关系公众健康，关系农业和农村经济的健康发展。为了保证农产品质量安全，《农业法》第 22 条规定："国家要采取措施提高农产品质量"。由此要建立健全农产品质量体系和质量检验检测监督体系，建立健全优质农产品认证和标志制度，实施动植物疫病防控工程等。

（七）农产品流通

农产品流通是指农产品购销、仓储、运输以及相应的货币流转的总称。《农业法》对农产品的购销、市场体系、流通渠道都作了明确的规定。

1. 农产品购销的市场调节

国家对关系国计民生的重要农产品购销活动实行必要的宏观调控，建立中央和地方分级储备调节制度，完善仓储运输体系，做到保证供应，稳定市场。

2. 逐步建立统一、开放、竞争、有康的农产品市场体系

制定农产品批发市场发展规划，对农村集体经济组织和农民专业合作经济组织建立农产品批发市场和农产品集贸市场，给予扶持。

3. 拓展农产品流通渠道

国家鼓励和支持发展多种形式的农产品流通活动。支持农民和农民专业合作经济组织按照国家有关规定从事农产品收购、批发、贮藏、运输、销售和中介活动。鼓励供销合作社和其他从事农产品购销的农业生产经营组织提供市场信息，开拓农产品流通渠道，为农产品销售服务。县级以上人民政府应当采取措施，督促有关部门保证农产品运输畅通，降低农产品流通成本。有关行政管理部门应当简化手续，方便鲜活农产品的运输。除法律、行政法规另有规定外，不得扣押

鲜活农产品的运输工具。

（八）农产品加工

农产品加工是我国现阶段农业产业结构调整的重要领域。农产品加工业作为连接初级农产品与最终消费的中间环节，作为农业和工业的连接点，其发展对于国际国内市场的开拓，对于农业经济的现代化建设都有着十分重要的意义。根据我国《农业法》第29条的规定，农产品加工法律制度的基本内容有：

1. 增加农产品的附加值

国家支持发展农产品加工业和食品工业，增加农产品的附加值。其具体措施是：①县级以上人民政府应当根据本地区的实际，制定农产品加工业和食品工业发展规划，因地制宜、合理布局。引导农产品加工企业形成合理的生产区域布局和规模结构。②采取税收、财政、科技推广等多种措施，扶持农民专业合作经济组织和乡镇企业从事农产品加工和综合开发利用。

2. 加强质量管理

国家建立健全农产品加工制品质量标准，完善检测手段，加强农产品加工过程的质量安全管理和监督，为食品安全提供法律保障。

（九）农业资源保护

1. 耕地质量保护

农民和农业生产经营组织应当保养耕地，合理使用化肥、农药、农用薄膜，增加使用有机肥料，采用先进技术，保护和提高地力，防止农用地的污染、破坏和地力衰退。县级以上人民政府农业行政主管部门应当采取措施，支持农民和农业生产经营组织加强耕地质量建设，并对耕地质量进行定期监测。

2. 水土流失、沙化的预防和治理

各级人民政府应当采取措施，加强小流域综合治理，预防和治理水土流失。从事可能引起水土流失的生产建设活动的单位和个人，必须采取预防措施，并负责治理因生产建设活动造成的水土流失。各级人民政府应当采取措施，预防土地沙化，治理沙化土地。国务院和沙化土地所在地区的县级以上地方人民政府应当按照法律规定制定防沙治沙规划，并组织实施。

3. 林草资源保护

国家实行全民义务植树制度。各级人民政府应当采取措施，组织群众植树造林，保护林地和林木，预防森林火灾，防治森林病虫害，制止滥伐、盗伐林木，提高森林覆盖率。国家在天然林保护区域实行禁伐或者限伐制度，加强造林护林。有关地方人民政府，应当加强草原的保护、建设和管理，指导、组织农（牧）民和农（牧）业生产经营组织建设人工草场、饲草饲料基地和改良天然草原，实行以草定畜，控制载畜量，推行划区轮牧、休牧和禁牧制度，保护草原植被，防止草原退化沙化和盐渍化。禁止毁林毁草开垦、烧山开垦以及开垦国家禁止开垦的陡坡地，已经开垦的应当逐步退耕还林、还草。禁止围湖造田以及围垦国家禁止围垦的湿地。已经围垦的，应当逐步退耕还湖、还湿地。对在国务院批准规划范围内实施退耕的农民，应当按照国家规定予以补助。

4. 渔业资源保护

各级人民政府应当采取措施，依法执行捕捞限额和禁渔、休渔制度，增殖渔业资源，保护渔业水域生态环境。国家引导、支持从事捕捞业的农（渔）民和农（渔）业生产经营组织从事水产养殖业或者其他职业，对根据当地人民政府统一规划转产转业的农（渔）民，应当按照国家规定予以补助。

5. 生物物种资源保护

国家建立与农业生产有关的生物物种资源保护制度，保护生物多样性，对稀有、濒危、珍贵生物资源及其原生地实行重点保护。从境外引进生物物种资源应当依法进行登记或者审批，并采取相应安全控制措施。农业转基因生物的研究、试验、生产、加工、经营及其他应用，必须依照国家规定严格实行各项安全控制措施。

（十）农业环境保护

1. 生物措施、农作物剩余物的综合利用

各级农业行政主管部门应当引导农民和农业生产经营组织采取生物措施或者使用高效低毒低残留农药、兽药，防治动植物病、虫、杂草、鼠害。农产品采收后的秸秆及其他剩余物质应当综合利用，妥善处理，防止造成环境污染和生态破坏。

2. 动物、水产养殖的环境保护

从事畜禽等动物规模养殖的单位和个人应当对粪便、废水及其他废弃物进行无害化处理或者综合利用，从事水产养殖的单位和个人应当合理投饵、施肥、使用药物，防止造成环境污染和生态破坏。

3. 造成农业环境污染的责任

县级以上人民政府应当采取措施，督促有关单位进行治理，防治废水、废气和固体废弃物对农业生态环境的污染。排放废水、废气和固体废弃物造成农业生态环境污染事故的，由环境保护行政主管部门或者农业行政主管部门依法调查处理，给农民和农业生产经营组织造成损失的，有关责任者应当依法赔偿。

（十一）农民权益保护

农民权益保护是《农业法》的主要内容之一，我国《农业法》对农民权益作了具体规定：

1. 财产所有权

国家保护农民和农业生产经营组织的财产及其他合法权益不受侵犯。

2. 自主经营权

农民作为承包经营者享有对集体所有的或者国家所有由集体使用的土地的占有、使用、收益和产品处分的权利，依法自主经营。各级人民政府、农村集体经济组织或者村民委员会在农业和农村经济结构调整、农业产业化经营和土地承包经营权流转等过程中，不得侵犯农民的土地承包经营权，不得干涉农民自主安排的生产经营项目，不得强迫农民购买指定的生产资料或者按指定的渠道销售农产品。

3. 拒绝承担不合理费用和劳务权

农民和农业生产经营组织除依法纳税和交费外，对于没有法律依据的收费、罚款、摊派和集资有权拒绝。没有法律、法规依据或者未经国务院批准，任何机关或者单位不得在农村进行任何形式的达标、升级、验收活动。

4. 民主管理权

农民有权选举和被选举为集体经济组织的管理人员；有权参加成员（村民）会议或者成员（村民）代表大会；有权监督农村集体经济组织和村民委员会对涉及农民利益的重要事项的处理。

5. 获得补偿、赔偿权

农民和农村集体经济组织因国家征用农民集体所有的土地，可以依法获得征地补偿费，任何单位和个人不得截留和挪用；农业生产资料使用者因生产资料质量问题遭受损失的，可以获得出售该生产资料的经营者给予的赔偿。

6. 申诉权

农民或者农业生产经营组织有向各级人民政府及其有关部门反映情况和提出合法要求的权利；对违反法律规定，侵犯农民权益的，可以依法申请行政复议或者像人民法院提起诉讼。

（十二）农业法律责任

农业法律责任，是指农业法律关系主体违反农业法律法规所规定的职责和义务，损害农民和农业生产经营组织的合法权益而必须承担的惩戒性的法律后果。

二、中华人民共和国土地承包法

《中华人民共和国农村土地承包法》（以下简称农村土地

承包法）由第九届全国人民代表大会常务委员会第二十九次会议于2002年8月29日通过，自2003年3月1日起实施。这部法律的制定，是我国农村经济生活和农业法制建设的一件大事，是广大农民群众土地权益的法律保障，是我国农村土地制度创新的重要成果。

（一）农村土地承包法的立法目的

1. 稳定和完善农村土地基本经营体制

我国《宪法》第8条明确规定“农村集体经济组织实行家庭承包经营为基础、统分结合的双层经营体制。”当前，随着农村改革的深入，以党的农村政策为指导，以《宪法》为依据，制定相关法律，稳定和完善以家庭承包经营为基础、统分结合的双层经营体制，确保党在农村的基本政策得以贯彻落实，具有现实的迫切性和必要性。

2. 赋予农民长期而有保障的土地使用权

农村经济体制改革最大成果就是赋予农民土地使用权。《农村土地承包法》通过调整土地承包当事人的权利义务关系，在法律上赋予农民长期而有保障的土地使用权，保障了农民承包权益的实现，使农村土地承包关系在法律制度下处于合理有序的状态。

3. 促进农业、农村经济发展和社会稳定

稳定和完善以家庭承包为基础、统分结合的双层经营体制，能够极大的调动农民生产经营的积极性，促进农业农村生产的发展以及农民生活水平的提高，确保农村社会稳定。

（二）农村土地承包法的基本原则

农村土地承包法的基本原则，是指农村土地承包立法、司法以及相关民事活动中的基本准则，是农村土地承包法所调整的社会关系的综合反映。基本原则的功能突出表现在它的指导性，它对农村土地承包立法、司法以及相关民事活动都有约束力，且对农村土地承包法的具体法律规范具有补充作用。主要包括以下几个方面：①保护农村土地承包关系的长期稳定原则；②保护妇女的土地承包经营权原则；③土地承包应当公开、公平、公正原则；④遵守法律、法规，保护土地资源原则；⑤保护承包双方当事人的合法权益原则；⑥保护土地承包经营权的依法流转原则。

家庭承包是指集体经济组织按照公平分配、人人有份的原则，统一将耕地、林地、草地承包给本集体经济组织农户和一种承包方式。我国《农村土地承包法》第3条规定“国家实行农村土地承包经营制度。农村土地承包采取农村集体经济组织内部的家庭承包方式，不宜采取家庭承包方式的荒山、荒沟、荒丘、荒滩等农村土地，可以采取招标、拍卖、公开协商等方式承包。”

（三）家庭承包的主体

1. 发包主体

根据《农村土地承包法》第12条的规定：农民集体所有的土地依法属于村农民集体所有的，由村集体经济组织或者村民委员会发包；已经分别属于村内两个以上农村集体经济组织的农民集体所有的，由村内各该农村集体经济组织或者村民小组发包。村集体经济组织或者村民委员会发包的，不得改变村内各集体经济组织农民集体所有的土地的所有权。

国家所有依法由农民集体使用的农村土地，由使用该土地的农村集体经济组织、村民委员会或者村民小组发包。

2. 承包主体

依据《农村土地承包法》第15条规定，家庭承包的承包方是本集体经济组织的农户，即全体家庭成员，不是户主个人。

（四）发包方和承包方的权利义务

《农村土地承包法》以立法的形式规定承包方的权利义务，既有利于维护国家根本的土地制度，稳定与完善以家庭承包经营为基础、统分结合的双层经营体制，又可保障农民的土地使用权。

1. 发包方的权利和义务

依据《农村土地承包法》第13条和第14条的规定可知，发包方享有下列权利：①发包本集体所有的或者国家所有依法由本集体使用的农村土地；②监督承包方依照承包合同约定的用途合理利用和保护土地；③制止承包方损害承包地和农业资源的行为；④法律、行政法规规定的其他权利。

发包方承担下列义务：①维护承包方的土地承包经营权，不得非法变更、解除承包合同；②尊重承包方的生产经营自主权，不得干涉承包方依法进行正常的生产经营活动；③依照承包合同约定为承包方提供生产、技术、信息等服务；④执行县、乡（镇）土地利用总体规划，组织本集体经济组织内的农业基础设施建设；⑤法律、行政法规规定的其他义务。

2. 承包方的权利和义务

承包方享有下列权利：①依法享有承包地使用、收益和土地承包经营权流转的权利，有权自主组织生产经营和处置产品；②）承包地被依法征用、占用的，有权依法获得相应的补偿；③法律、行政法规规定的其他权利。

承包方承担下列义务：①维持土地的农业用途，不得用于非农建设；②依法保护和合理利用土地，不得给土地造成永久性损害；③法律、行政法规规定的其他义务。

以上这些权利都是法定权利，即使在承包合同中没有约定，发包方和承包方也依法享有这些权利，同时，也不得在承包合同中限制这些权利，如果有限制这些权利的条款，则该条款无效。这些义务也是法定义务，即使在承包合同中未约定，承包法也必须依法履行。

（五）承包原则和程序

在农村土地承包中，除了要遵循土地承包法的基本原则外，在家庭承包过程中还必须遵循下列具体原则：第一，平等行使权利原则。按照规定统一组织承包时，本集体经济组织成员依法平等地行使承包土地的权利，也可以自愿放弃承包土地的权利；第二，民主协商，公平合理原则；第三，多数同意原则。承包方案应当按照《农村土地承包法》第12条的规定，依法经本集体经济组织成员的村民会议2/3以上成员或者2/3以上村民代表的同意。第四，遵循法定程序原则。

除遵循以上原则外，土地承包还应当按照以下程序进行：第一，本集体经济组织成员的村民会议选举产生承包工作小组；第二，承包工作小组依照法律、法规的规定拟订并公布承包方案；第三，依法召开本集体经济组织成员的村民会议，讨论通过承包方案；第四，公开组织实施承包方案；第五，签订承包合同。

这些具体原则和程序是发包方和承包方在农村土地家庭承包过程中所应遵循的基本准则，对农村土地家庭承包起规范、指导作用。

（六）承包合同和承包期限

农村土地承包合同是发包方与承包方之间达成的，关于土地权利义务关系的协议。《农村土地承包法》第 21 条规定，发包方应当与承包方签订书面承包合同。承包合同应当包括以下条款：①发包方、承包方的名称，发包方负责人和承包方代表的姓名、住所；②承包土地的名称、坐落、面积、质量等级；③承包期限和起止日期；④承包土土的用途；⑤发包方与承包方的权利和义务；⑥违约责任。

我国《农村土地承包法》第 20 条根据我国农村土地家庭承包的实际情况，对不同用途的土地的承包期及其上限做出规定：“耕地的承包期为 30 年。草地的承包期为 30 年至 50 年。林地的承包期为 30 年至 70 年。特殊林木的林地承包期，经国务院林业行政主管部门批准可以延长。”法律做出这种区分，主要是依据不同性质土地的投资收益期限的差别，有利于保护土地承包经营权。

需要特别强调的是，承包合同是明确发包方、承包方的权利义务关系并具有法律效力的文书，是承包方依法承包集体所有的土地的合法依据，是约定当事人双方权利义务的重要凭证。土地承包到户后，一定要签订书面合同，采取口头合同的形式，一旦出现争议，双方口说无凭，难以搜集证据，分清责任。签订书面承包合同，便于当事人认真履行合同，互相监督，也有利于解决可能出现的纠纷。

（七）土地承包经营权的保护

1. 收回和交回

我国《农村土地承包法》第26条规定“承包期内，发包方不得收回承包地。”因此，在承包期内，无论承包方发生什么样的变化，只要作为承包方的家庭还存在，发包方都不得收回承包地。如承包方家庭总的一人或数人死亡；子女升学、参军或在城市就业的，只要作为承包方的农户家庭没有消亡，发包方都不得收回承包地。

随着我国城镇化进程的开展，很多农民离开了农村，进入了城镇就业和生活，那么对于这部分人的土地可以收回吗？我国《农村土地承包法》第26条分成两种情况进行处理：

第一，承包期内，承包方全家迁入小城镇落户的，承包方如果愿意保留承包地的，发包方应当予以保留，不得收回；承包方如果愿意土地进行流转的，发包方应允许其土地进行流转；如果承包方愿意交回承包地的，发包方应当接受，并依法另行安排承包。

第二，承包期内，承包方全家迁入设区的市，转为非农业户口的，应当将承包的耕地和草地交回发包方。承包方不交回的，发包方可以收回承包的耕地和草地。这里需要注意的是，承包方交回承包地必须满足两个条件，即承包方全家迁入设区的市，并且转为非农业户口。如果承包方全家迁入设区的市，但未转为非农业户口，或者全家转为非农业户口但没有全部迁入设区的市，承包方不愿交回承包地的，发包方不得收回。而且要注意，应当交回的承包地仅限于耕地和草地，不包括林地。

2. 调整

承包地的调整是指在承包期内依法变更承包方的农村土地的行为。根据《农村土地承包法》第 27 条的规定，“承包期内，发包方不得调整承包地。”这对于维护农村土地承包关系的长期稳定，保护农民的生产积极性，具有重要意义。但是绝对不允许调整也不符合我国农村社会经济发展的客观实际。如果符合以下条件则可以进行小调整：

第一，只有出现特殊情况下才允许按规定进行个别调整。如因自然灾害严重毁损承包地，部分农户的土地被征收或用于乡村公共设施和公益事业建设，人地矛盾突出的；第二，只限于个别农户之间进行调整，不得扩大范围进行调整，更不能在全村范围内打乱原承包地重新进行分配；第三，允许个别调整只限于耕地和草地，不包括林地；第四，必须遵守法律规定的程序。首先，必须经本集体经济组织成员的村民会议 2/3 以上成员或者 2/3 以上村民代表的同意，然后并报乡（镇）人民政府和县级人民政府农业等行政主管部门批准。未经这些程序，不得进行调整。

3. 对妇女土地承包经营权的保护

农村土地承包经营权是最基本的、最切身的经济权利，保护妇女在土地承包中的合法权益是重要法律原则。但是，长期以来受封建传统思想的影响，我国部分地区的农村妇女在平等享有土地承包经营权方面仍受歧视。为了切实保护妇女的土地承包经营权，我国《农村土地承包法》第6条、第30条、第54条，规定了妇女享有与男子平等的权利。具体而言：①妇女在承包中的合法权益应当受到保护，任何组织和个人不得剥夺、侵害妇女应当享有的土地承包经营权；②承包期间，妇女结婚，在在新居住地未取得承包地的，发包方不得收回其原承包地；③妇女离婚或者丧偶，仍在原居住地生活或者不在原居住地生活但在新居住地未取得承包地的，发包方不得收回其原承包地；④发包方有剥夺、侵害妇女依法享有的土地承包经营权，应当承担停止侵害、返还原物、恢复原状、排除妨害、消除危险、赔偿损失等民事责任，从而保障妇女与男子享有平等土地承包经营权。

4. 继承

我国《农村土地承包法》第31条规定“承包人应得的承包收益，依照继承法的规定继承。”我国农村土地承包经营权是根据人口按份分配的，因此现实中人们往往错误地认为，若农户家庭中有成员死亡时，其享有的土地承包经营权应像其他遗产一样进行继承。实际上，我国《农村土地承包法》第15条规定：“家庭承包的承包方是本集体经济组织的农户。”其含义是指家庭承包经营权只能属于农户整个家庭，而不是属于其中某一个家庭成员。因此，当家庭中某个成员死亡的，作为承包方的“户”还存在，因此不产生继承问题，此时该户内其他人口都是承包经营权人，应当由其他承包人继续经营，这有助于稳定农村土地承包关系。当承包经营土地的家庭中的每一个成员都死亡，即家庭整体消亡的，其承包的土地也不允许继承，而应由集体经济组织收回后重新分配，用于解决人多地少的矛盾。

因此，在我国农村土地承包经营权是不能继承的，但承包经营的收益可以继承。同时，林地承包的承包人死亡，其继承人可以在承包期内继续承包。

（八）流转

1. 流转的方式

土地承包经营权流转，是指通过承包取得的土地承包经营权可以依法采取转包、出租、互换、转让或者其他方式流转。根据《农村土地承包经营权流转管理办法》第 35 条以及《农村土地承包法》第 37 条的规定，农村土地承包经营权流转包括：转让、转包、互换、出租、入股等。

（1）转包。是指农户在承包期内将全部或者部分承包地以一定条件有偿或无偿地转交给第三方经营，承包方和发包方仍按原承包合同履行权利义务关系。

（2）出租。是指农户在承包期内将全部或部分承包地出租给第三方经营，收取一定租金。承包方与发包方仍按原承包合同履行权利义务关系。

（3）互换。是指为耕种方便或者发展大型种植业等设施农业的需要，农户之间或者农户与集体之间通过自愿、互利的办法互换、串换使用权，原承包关系不变。

（4）转让。是指承包方将土地承包合同转移给第三方，由第一方向发包方履行承包合同，发包方与原承包方的承包关系即行终止。

（5）联营。是承包方之间为发展农业经济，自愿联合，以土地承包经营权出资从事农业合作生产。

（6）入股。是指承包方将土地承包经营权入股参加农业股份经营，以入股股份作为分红的作生产。

值得一提的是，《土地承包法》对承包经营权流转方法的规定并没有穷尽，这绝不意味着该法规定以外的流转方式皆不可行。可以想象，农村土地承包经营权的流转还会因农村经济的发展向前发展。

2. 土地承包经营权流转的原则

根据《土地承包法》第 33 条的规定，土地承包经营权流转应当遵循以下原则：①平等协商、自愿、有偿，任何组织和个人不得强迫或者阻碍承包方进行土地承包经营权流转；②不得改变土地所有权的性质和土地的农业用途；③流转的期限不得超过承包期的剩余期限；④受让方须有农业经营能力；⑤在同等条件下，本集体经济组织成员享有优先权。

3. 土地承包经营权流转的程序

①土地承包经营权的流转，当事人双方应签订书面合同，一式四份，发包方、承包方、受让方、土地登记部门各一份。流转合同一般应包括如下内容：双方当事人姓名、住所；流转土地的名称、坐落、面积、质量等级；流转的期限和起止日期；流转土地有用途；双方当事人的权利义务；流转的价款及支付方式；违约责任；其他条款。

②采取转让方式流转的，应当经发包方同意；采取转包、出租、互换等方式流转的，应当报发包方备案；采取互换、

转让等方式流转的，应当向县级以上地方人民政府申请登记。未经登记不得对抗善意三人。

③向村集体经济组织以外的单位或个人流转的，必须经村民会议 2/3 以上成员或 2/3 以上村民代表同意，并报乡镇人民政府备案。

（九）其他方式承包的含义和特点

其他方式承包相对于家庭承包而言，是指集体经济组织按照效益优先、兼顾公平的原则，通过招标、拍卖、公开协商等方式，将“四荒”地、养殖水面等承包给本集体经济组织成员或集体经济组织以外的单位和个人的一种承包方式。具有以下特点：

①承包双方当事人是平等的民事主体之间的关系，发包方是集体经济组织，承包方可以是本集体经济组织内部的农户、联户和成员，也可以是经本集体经济组织大部分成员同意的外部企事业单位和个人，甚至是城市企事业单位和职工。

②承包对象主要是“四荒”地、养殖水面，及其他零星土地，没有福利和社会保障功能。

③根据效益优先、兼顾公平的原则承包，采用招标、拍卖、公开协商等市场化方式运作。

④承包期有长有短，由承包双方协商确定，既有长期承包（如 50 年)，也有短期、临时承包。

⑤承包双方当事人的权利义务由承包双方协定。

⑥土地承包经营权需经依法登记取得土地承包经营权证或林权证后才能流转。

⑦土地承包经营权流转可采取转让、出租、入股、抵押等方式。

⑧取得的土地承包经营权按照债权方式予以保护，通常只享有债权请求权，请求损害赔偿。

⑨承包收益可以继承，土地承包经营权也可以继承。

（十）与家庭承包的区别

主要有以下方面：

1. 承包主体不同

家庭承包中的承包方只能是农村集体经济组织内部的农户；而其他方式承包中的承包方，既可以是本集体经济组织内部的农户，也可以是集体经济组织以外的单位或个人。

2. 承包对象不同

家庭承包的土地主要是耕地、林地和草地；而其他方式承包的土地是“四荒”以及果园、茶园、桑园、养殖水面等不适宜家庭承包的土地。

3. 承包土地的具体方式不同

家庭承包主要采用民主协商、公平合理的分配方式承包，而其他方式的承包，引入市场机制、采取招标、拍卖、公开协商等方式，由最具有经营能力的人承包，按照“效率优先，兼顾公平”的原则，选择具体的承包人。

（十一）其他方式承包的具体方式

1. 招标

招标方通过发布招标公告或者向有意投标承包的集体经济组织内部成员或外部农业生产者发出招标邀请等方式发出

招标信息，列出欲发包的荒山、荒沟、荒丘、荒滩等土地名称、坐落、面积、质量及其承包要求、承包期限以及对承包经营者的资格要求等招标条件，表明将选择最能够满足承包要求的农业承包经营者与之签订承包合同的意向，由各有意承包的农业承包经营者作为投标方，向招标方书面提出自己响应招标要求的条件，参加投标竞争。经招标方对各投标者的条件进行审查比较后，从中择优选定中标者，并与其签订土地承包合同。

2. 拍卖

拍卖是指以公开竞价的形式，将土地承包经营权转让给最高应价者的买卖方式。它必须经过三个步骤：①拍卖人将拍卖物的种类、拍卖处所、拍卖日期等重要事项以一定的方式向公众公开。②在规定的拍卖日期和拍卖地点，拍卖人当众拍卖规定的物品。各个应买人在拍卖过程中可以以竞相抬高价格的方式出价购买。③定。拍定常用击锤的方式表示，拍卖人就应买人所出的最高价高呼三次后，没有人再出更高价额时，就可以击锤拍定。拍定意味着拍卖人接受应买人的要约，一经拍定，买卖合同便告成立。拍卖最大的特点是公开性和竞争性。

3. 公开协商

公开协商是指发包方与有意承包“四荒”土地的当事人在平等、自愿的基础上就承包的相关事宜进行协商，最终与承包条件最好的承包方依法签订土地承包合同。

（十二）土地的征收征用与补偿

征收是指国家为了公共利益的需要，依法将集体所有土地转为国家所有并给予补偿的行为。征用，是指国家为了公共利益的需要，依法强制使用集体土地，在使用完毕后再将土地归还集体的一种行为，类似于临时使用土地。二者的区别主要是：征收取得的是财产所有权，而征用取得的是财产使用权。

征地补偿费是指国家建设征用土地时，按照被征用土地的原用途给予被征地单位的补偿各项费用。根据《中华人民共和国土地管理法》第47条的规定，征用耕地的补偿费包括土地补偿费、安置补助费、地上附着物和青苗补偿费及其他有关费用。土地补偿费是因国家征用土地对土地所有者在土地上的投入和收益造成损失的补偿。补偿的对象是土地所有权人。具体计算标准是，征用耕地的，补偿费为该耕地被征用前3年平均年产值的6~10倍；征用其他土地的补偿费标准由省、自治区、直辖市参照征用耕地的补偿费标准，结合当地实际情况具体规定。

安置补助费是国家建设征用农民集体土地后，为了解决以土地为主要生产资料并取得生活来源的农业人口，因失去土地造成生活困难而给予的补助费用。征收耕地的，安置补助费按照需要安置的农业人口数计算。每一个需要安置的农业人口的安置补助费标准，为该耕地被征收前3年平均产值的4~6倍，最高不超过前3年平均产值的15倍。征收其他土地的，安置补助费的标准由省、自治区、直辖市参照征用耕地的补偿费标准，结合当地实际情况具体规定。

青苗补偿费是指征用土地时，对被征用土地上生长的农作物，如水稻、小麦、玉米、土豆、蔬菜等造成损失所给予的一次性经济补偿费用。由省、自治区、直辖市规定。通常，一般农作物的青苗补偿费的标准最高按一季产值计算，如果播种不久或投入较少，也可以按一季产值的一定比例计算。

地上附着物补偿费是对被征用土地上的各种地上建筑物、构筑物，如房屋、水井、道路、管线、水渠等的拆迁和恢复费以及被征用土地上林木的补偿或者砍伐费等，以拆什么补什么，拆多少补偿多少，并且不低于原有水平为原则，具体由省、自治区、直辖市规定。

其他补偿费是指除土地补偿费、地上附着物补偿费、青苗补偿费、安置补助费以外的其他补偿费用，即因征用土地给被征用土地单位和农民造成的其他方面损失而支付的费用，如水利设施恢复费、误工费、搬迁费、基础设施恢复费等。

（十三）农村土地承包经营纠纷的概念和种类

农村土地承包经营纠纷主要是指当事人之间因承包土地的使用、收益、流转、调整、收回以及承包合同的履行等事项发生的争议。从纠纷主体来看，土地承包经营纠纷既包括土地承包过程中发包方与承包方发生的纠纷，也包括土地承包当事人与第三人发生的纠纷；从纠纷的内容来看，土地承包经营纠纷既包括侵犯土地承包经营权的侵权纠纷，也包括履行土地承包合同过程中的违约纠纷。

根据《农村土地承包经营纠纷调解仲裁法》第 2 条的规定，农村土地承包经营纠纷主要包括以下种类：①因订立、履行、变更、解除和终止农村土地承包合同而发生的纠纷；②因农村土地承包经营权转包、出租、互换、转让、入股等流转而发生的纠纷；③因收回、调整承包地而发生的纠纷；④因确认农村土地承包经营权而发生的纠纷；⑤因侵害农村土地承包经营权而发生的纠纷；⑥法律、法规规定的其他农村土地承包经营纠纷。

因征收集体所有的土地及其补偿发生的纠纷，不属于农村土地承包仲裁委员会的受理范围，可以通过行政复议或者诉讼等方式解决。

（十四）农村土地承包经营纠纷的解决途径

1. 协商

发生纠纷后，当事人之间在平等协商的基础上，和平解决纠纷。采取这种方式，既节省时间，又节省人力物力。但如果当事人不愿意通过协商的方式解决问题，或者协商不成时，则应该通过调解、仲裁、诉讼的途径解决。

2. 调解

调解即请求村委会、乡（镇）人民政府等调解解决。调解人可以是公民个人，也可以是人民政府及其有关部门，还可以是其他社会团体、组织。

根据《农村土地承包经营纠纷调解仲裁法》第8、9、10条的规定，当事人申请农村土地承包经营纠纷调解可以书面申请，也可以口头申请。口头申请的，由村委会或者乡（镇）人民政府当场记录申请人的基本情况、申请调解纠纷事项、理由和时间。

调解农村土地承包经营纠纷，村委会或者乡（镇）人民政府应当充分听取当事人对事实和理由的陈述，讲解有关法律以及国家政策，帮助当事人达成协议。经调解达成协议的，村委会或者乡（镇）人民政府应当制作调解协议书。调解协商书由双方当事人签字、盖章或者按手印，经调解委员会签名并盖章后生效。

调解是农村土地承包经营纠纷的有效解决途径。调解不成应申请仲裁或诉讼。

3. 仲裁

仲裁解决是指由农村土地承包仲裁委员会根据承包纠纷当事人的申请，在查明事实，分清责任的基础上，依法对纠纷做出裁决。《农村土地承包法》规定的仲裁是一种特殊的经济纠纷仲裁方式，与一般的经济纠纷仲裁有很大的差异：

第一，申请仲裁的程序不同。一般的经济纠纷的仲裁，要求双方当事人在事先或事后达成仲裁协议，然后才能向仲裁机构提出申请；而农村土地承包经营纠纷的仲裁，则不要求当事人事前或事后有协议，只要当事人一方提出申请，有关仲裁机构即可受理。

第二，仲裁机构设置不同。仲裁法规定的仲裁机构，不按行政区划层层设立，主要在市一级；而农村土地承包仲裁机构的设置，主要在县、乡两级。

第三，裁决的效力不同。仲裁法规定的一般经济纠纷仲裁，实行“一裁终局”；而农村土地承包经营纠纷的仲裁裁决不是终局的。当事人若不履行仲裁裁决，仲裁机构不能强制执行，而只能另行申请人民法院强制执行。

《农村土地承包经营纠纷调解仲裁法》第 20 条规定了申请农村土地承包经营纠纷仲裁应当符合下列条件：①申请人

与纠纷有直接的利害关系；②有明确的被申请人；③有具体的仲裁请求和事实、理由；④属于农村土地承包仲裁委员会的受理范围。

4. 诉讼解决

诉讼解决是指人民法院根据纠纷当事人的起诉，在查明事实，分清责任的基础上，依法作出判决，以解决纠纷的方法。农村土地承包经营纠纷中，如果当事人不愿意协商，或者通过协商、调解方式不能解决纠纷，也不愿进行仲裁时，可以直接向人民法院起诉。人民法院代表国家在查明事实的基础上，就双方当事人之间的纠纷，依照《民事诉讼法》和《最高人民法院关于审理农业承包合同纠纷若干问题的规定(试行)》，作出具有强制执行力的裁决，这种裁决具有权威性，并有国家强制力作后盾，对当事人最终权利的实现有较充分的保障。

（十五）法律责任

参考第 54 条—第 61 条的法律规定，责任人承担相应的法律责任。

三、中华人民共和国农民专业合作社法

2006 年 10 月 31 日第十届全国人大常委会第二十四次会议通过了《中华人民共和国农民专业合作社法》（以下简称农民专业合作社法），于 2007 年 7 月 1 日起施行。该法的制定和颁布，是我国农民合作社事业发展史上的里程碑，对于促进农民专业合作社的建设和发展，提高农民进入市场和农

业的组织化程度，推动社会主义新农村建设，具有特别重要的意义。

（一）概念和特点

农民专业合作社是在农村家庭承包经营的基础上，同类农产品的生产经营者或者同类农业生产经营服务的提供者、利用者，自愿联合、民主管理的互助性经济组织。具有以下特点：

1. 农民专业合作社以家庭承包经营为基础

家庭联产承包责任制是我国农村的基本经济制度，国家将依法保护此项制度的长期稳定。因此，农民办专业合作社并不是要否定现有的基本经济制度，而是在遵守农村土地承包经营制度的基础上，把一家一户分散的农民集中起来，搞统一经营，提高市场竞争力。

2. 农民专业合作社是专业的经济组织

农民专业合作社以同类农产品的生产或者同类农业生产经营服务为纽带，来实现成员共同的经济目的，其经营服务的内容具有很强的专业性。这里所称的“同类”，是指以《国民经济行业分类》规定的中类以下的分类标准为基础，提供该类农产品的销售、加工、运输、贮藏、农业生产资料的购买，以及与该类农业生产经营有关的技术、信息等服务。例如可以是种植专业合作社、养殖专业合作社，也可以是更具体的蘑菇种植、桑蚕养殖等专业合作社。

3. 农民专业合作社是自愿和民主的经济组织

任何单位和个人不得违背农民意愿，强迫他们成立或参加农民专业合作社。同时，农民专业合作社的各位成员在组织内部地位平等，并实行民主管理，在运行过程中应当始终体现“民办、民有、民管、民受益”的精神。

4. 农民专业合作社是互助性的经济组织

农民专业合作社是以成员自我服务为目的而成立的，参加农民专业合作社的成员，都是从事同类农产品生产、经营或提供同类服务的农业生产经营者，目的是通过合作互助提高规模效益，完成单个农民办不了、办不好的事情。这种互助性特点，决定了它以成员为主要服务对象，决定了“对成员服务不以营利为目的”的经营原则。

（二）分类

农民专业合作社种类繁多，按照不同的标准可以分为不同的类型：①按照经营范围的不同，可以分为种植业专业合作社，如粮食、果蔬专业合作社；养殖业专业合作社，如畜牧业、水产业专业合作社；加工服务业专业合作社，如加工业、仓储业、运输业等专业合作社；②按照经营内容的不同，可以分为生产资料供应合作社，技术推广合作社，产供销一体化合作社；③按照组织方式的不同，可以分为农民自办型合作社，官办型合作社，官民结合型合作社；④按照组织规模的不同，可以分为小型合作社、中型合作社、大型合作社。

（三）原则

按照《农民专业合作社法》第 3 条的规定，农民专业合作社应当遵循以下基本原则：

1. 成员以农民为主体

为坚持农民专业合作社为农民成员服务的宗旨，使农民真正成为合作社的主人，防止他人利用、操纵合作社。本法规定，农民至少应当占成员总数的80%，同时对企业、事业单位、社会团体成员的数量进行了限制，即成员总数二十人以下的，可以有一个企业、事业单位或者社会团体成员；总数超过二十人的，企业、事业单位和社会团体成员不得超过成员总数的5%。

2. 以服务成员为宗旨，谋求全体成员的共同利益

一方面，农民专业合作社以其成员为主要服务对象，坚持以服务成员为宗旨。农民加入农民专业合作社后，可以享受合作社提供的专业性的产前、产中、产后服务，更好地发展生产。农民专业合作社则将社员分散生产的农产品和需要的服务集聚起来，以规模化的方式，进入市场，改变了单个农民的市场弱势地位。另一方面，农民专业合作社为成员服务，还必须坚持谋求全体成员的共同利益。不论是农民个人成员还是企业等团体成员，加入合作社都是为了享受合作社提供的服务，本质上是成员的共同利益的联合体，这种共同利益是成员间进行合作开展一致行动的基础，同时只有谋求共同利益才能保证全体成员的利益最大化，实现每一个成员加入合作社的目的。

3. 入社自愿、退社自由

农民专业合作社是互助性经济组织，凡符合农民专业合作社章程规定的条件，履行章程规定的入社手续，都可以成为农民专业合作社的成员。农民可以自愿加入一个或者多个农民专业合作社，入社不改变家庭承包经营；农民也可以自

由退出农民专业合作社，退出的，应当按照章程的规定，退还记载在该成员账户内的出资额和公积金份额，并将成员资格终止前的可分配盈余，依法返还给成员。

4. 成员地位平等，实行民主管理

农民专业合作社是以农民为主体的互助性经济组织，为了保证农民成员对本社的民主管理，法律做了两个方面的明确规定：①农民专业合作社成员大会是本社的权力机构，其选举和表决，实行一人一票制，成员出资多少与成员的表决权没有直接联系；②农民专业合作社必须建立符合法律规范和适应自身需要的治理结构，成员可以通过民主程序直接控制本社的生产经营活动。

5. 盈余主要按照成员与农民专业合作社的交易量比例返还

盈余分配方式的不同是农民专业合作社与其他经济组织的重要区别。为了保护成员的积极性，法律规定农民专业合作社的盈余主要按照成员与合作社的交易量返还，返还的总额不得低于可分配盈余的60%，其余部分可以分红的方式按成员在合作社财产中相应的比例分配。

（四）农民专业合作社的组建条件

1. 至少要有五名以上的成员

在这些成员当中，农民要占80%以上。社会团体法人、企业法人也可以加入农民专业合作社，但不能超过5%。如果合作社成员不到20人的时候，法人成员只能有一个。

2. 有符合本法规定的章程

章程是合作社最重要的一个文件，凡有关合作社的重要事项都要由章程来规定，比如名称住所；业务范围；成员资格及入社、退社和除名；成员的权利和义务；盈余的分配等等，都要由章程来规定。对章程的修改，必须由本社成员表决权总数的2/3以上通过，同时到工商机关进行变更登记。

3. 有符合本法规定的组织机构

农民专业合作的组织机构包括成员大会或成员代表大会、理事长、理事会、执行监事或监事会。其中必须设立的机关只有两个：理事长和成员大会，其余机关是否设立，均由合作社根据自己的实际情况确定。

4. 有符合法律、行政法规规定的名称和章程确定的住所

住所就是合作社的业务活动场所，可以是合作社自己建立的一个专门的场所，也可以是租用的场所。名称是法人之间相互区别的标准，是其独立人格的体现，农民专业合作社的名称应当含有“专业合作社”字样，并符合国家有关企业名称登记管理的规定。

5. 有符合章程规定的成员出资

法律没有要求加入合作社的社员必须得出资。是否出资，用什么方式出资，这些都由农民自己在成立合作社的时候用合作社的章程来决定的。但是如果有出资的话，一定要记载在章程当中。为了规范出资，《农民专业合作社登记管理条例》第八条对出资形式做出了一些相应的规定，即“农民专业合作社成员可以用货币出资，也可以用实物、知识产权等能够用货币估价并可以依法转让的非货币财产作价出资。成员以非货币财产出资的，由全体成员评估作价。成员不得以

劳务、信用、自然人姓名、商誉、特许经营权或者设定担保的财产等作价出资。成员的出资额以及出资总额应当以人民币表示。成员出资额之和为成员出资总额。”

（五）程序

1. 发起筹备

在专业合作社的筹备阶段主要工作由发起人来做：①成立筹备委员会，制定筹备工作方案；②由发起人拟定社名，确立业务范围；③准备发起申请书。申请书的内容主要包括本社宗旨，业务范围，经营效益，内设机构和下属组织等。

2. 申报批准

向有关部门申报批准，主要是便于主管部门加强业务指导和管理。主管部门接到合作组织发起人报送的组建申请书后，应认真进行审查，符合条件的，即下达同意组建批复。

3. 制定合作社章程

章程是为规范合作社内部关系，统一开展生产经营活动的原则和办事程序而制定的规程。章程的起草由发起人负责，然后在成立大会上讨论通过。申请人接到主管部门准予组建的批复公文后，应即时召开筹委会，吸纳会员，参照有关示范章程拟定本组织章程及业务计划草案。

4. 推荐理事会、监事会候选人名单

依托有关部门和社会力量创建的合作组织，应注意吸纳足够数量的农民成员参加理事会和监事会。

5. 召开成立大会

成员人数和入社股金达到章程规定的数额，完成了章程规定的各项条件后，即可以召开成立大会。成立大会是第一次成员大会，其成功与否十分重要。根据《农民专业合作社法》的规定，成立大会具有以下职权：①宣读章程草案，并请讨论后表决通过；②选举产生理事长、理事、执行监事或者监事会成员；③审议其他重大事项。

6. 登记、注册

农民专业合作社由工商行政部门依照国家的法律进行登记，发给营业执照。

（六）农民专业合作社的治理结构

根据《农民专业合作社法》第 16 条的规定，农民专业合作社的成员享有以下权利：（1）对合作社的民主管理权。具体包括：①参加成员大会；②行使表决权；③享有选举权和被选举权；（2）利用本社提供的服务和生产经营设施的权利。农民专业合作社以服务成员为宗旨，谋求全体成员的共同利益。作为农民专业合作社的成员，有权利用本社提供的服务和本社置备的生产经营设施；（3）按照章程规定或者成员大会决议分享盈余的权利。农民专业合作社获得的盈余依赖于成员产品的集合和成员对合作社的利用，本质上属于全体成员。因此，法律保护成员参与盈余分配的权利，成员有权按照章程规定或成员大会决议分享盈余；（4）知情权。社员有权查阅本社的章程、成员名册、成员大会或者成员代表大会记录、理事会会议决议、监事会会议决议、财务会计报告和会计账簿，特别是了解农民专业合作社经营状况和财务状况，以便监督农民专业合作社的运营；（5）章程规定的其他权利。

根据《农民专业合作社法》第十八条的规定，农民专业合作社的成员应当履行以下义务：①执行成员大会、成员代表大会和理事会的决议；②按照章程规定向本社出资；③按照章程规定与本社进行交易；④按照章程规定承担亏损；⑤章程规定的其他义务。

（七）组织机构

《农民专业合作社法》第四章规定了农民专业合作社的组织机构。因为农民专业合作社的规模不同、经营内容不同，设立的组织机构也并不完全相同，《农民专业合作社法》对某些机构的设置不是强制性规定，而要由合作社自己根据需要决定。农民专业合作社通常可以有以下机构：

1. 成员大会

成员大会是农民专业合作社的权力机构，按法律规定必须设立，享有修改章程等八项职权。如果合作社的组织规模较大，成员人数较多（超过150人），可以按照章程规定设立成员代表大会。通常情况下，代表大会可以行使成员大会的部分职权，也可以是全部职权。

2. 理事长、理事会和法定代表人

根据《农民专业合作社法》第二十六条的规定，农民专业合作社设理事长一名，可以设理事会，理事长为本社的法定代表人。

3. 执行监事或者监事会

为加强合作社的内部监督，农民专业合作社可以根据需要设立执行监事或者监事会，理事长、理事、经理和财务会计人员不得兼任监事。

4. 经理及其职能部门

为了方便合作社的经营，提高合作社的效益，农民专业合作社可以聘任经理和财务会计人员，负责具体的经营事务和财务会计工作。对经理和财会人员的聘任要以成员大会的决定为依据，由理事长或者理事会选聘，理事长或者理事可以兼任经理。

根据《农民专业合作社法》第 29 条规定，农民专业合作社的理事长、理事和管理人员不能有下列行为：①侵占、挪用或者私分本社资产；②违反章程规定或者未经成员大会同意，将本社资金借贷给他人或者以本社资产为他人提供担保；③接受他人与本社交易的佣金归为己有；④从事损害本社经济利益的其他活动。如果理事长、理事和管理人员违反该规定，其从事该活动所得的收入，应当归本社所有；给本社造成损失的，应当承担赔偿责任。

（八）农民专业合作社的财务管理

农民专业合作社的财务管理是指农民专业合作社依据法律法规与财务制度对本社财务收支、会计核算等活动进行的管理，是记载并核算本社各种经济活动效益、盈亏状况的基础。《农民专业合作法》确立了以下财务管理制度：

1. 财务公开制度

法律确立了农民专业合作社的财务公开制度，便于成员通过成员大会等方式对本社的年度业务报告、盈余分配方案、亏损处理方案以及财务会计报告等进行监督。

2. 公积金制度

由于农民专业合作社在经营中对资金的需求不同，因此是否提取公积金，由章程规定或者根据成员大会的决议确定。如果提取了公积金，应当用于弥补亏损、扩大生产经营或者转为成员出资。

3. 成员账户制度

为了明确界定成员与合作社之间的财产关系，农民专业合作社应当为每个成员设立成员账户，一方面作为成员参与本社盈余分配的依据，另一方面在成员资格终止时作为返还财产的依据。成员账户主要记录三项内容：成员在入社时的出资、在合作社期间的公共积累，以及交易量情况。

4. 盈余分配制度

盈余分配是合作社财务管理工作的核心，也是处理成员与组织之间以及成员相互之间利益关系的核心。根据《农民专业合作社法》的规定，合作社形成的可分配盈余办法应当由章程规定或者经成员大会决议确定，其中，可分配盈余的60%以上应当以成员与本社的交易量为依据比例返还与成员，其余部分以成员账户中记载的出资额和公积金份额为基础，并将本社接受的国家财政直接补助和他人捐赠形成的财产平均量化到成员的份额，按比例分配给本社成员。这样，一方面有助于鼓励成员利用合作社，另一方面有利于鼓励成员向合作社出资，缓解合作社在经营过程中的资金困难。

（九）农民专业合作社的变更、解散与清算

1. 变更

农民专业合作社的变更主要是指合并与分立两种情形。合并有吸收合并和新设合并，分立有派生分立和新设分立，其程序与其他企业法人大同小异。农民专业合作社的变更，重点是要解决变更后债权债务的承继问题。合作社合并的，不论是吸收合并还是新设合并，其债权债务应当由合并后存续或者新设的组织承继；合作社分立的，如果事先没有与债权人之间达成协议，则应由分立后的组织相互连带对分立前的债务承担责任。

2. 解散与清算

解散是指农民专业合作社因出现了法律规定的情况而停止经营活动，并使法人资格消灭的行为。清算是终结现存的法律关系，处理其剩余财产，使之归于消灭的程序。除合并与分立两种情形外，合作社解散后都应当依法进行清算．未经清算就自行终止的行为是没有法律效力的，不受法律保护。

基于农民专业合作社的特殊性，法律对其解散和清算作出了与其他法律不同的规定：①在清算时，如果清算组已经就清算事项通知其所有成员和债权人的，则免除其公告义务；②接受国家财政直接补助形成的财产在解散破产清算时，不得作为可分配剩余财产分配给成员，而应当按照国务院规定的办法处置；③农民专业合作社破产时，其破产财产在清偿破产费用和共益债务后，应当优先清偿破产前与农民成员已发生交易但尚未结清的款项，具有优先受偿的性。农民专业合作社清算结束以后，应当依法办理注销登记，终止其法人资格。

（十）国家对农民专业合作社的扶持

由于我国农民专业合作社起步较晚，还处在发展的初期阶段，各地农民专业合作社的发展很不平衡，因此，需要国家通过各种政策措施给予扶持，以促进农民专业合作社的健康发展。

《农民专业合作社法》明确规定，国家支持发展农业和农村经济的建设项目，可以委托和安排有条件的有关农民专业合作社实施。中央和地方财政应当分别安排资金，支持农民专业合作社开展信息、培训、农产品质量标准与认证、农业生产基础设施建设、市场营销和技术推广等服务。对民族地区、边远地区和贫困地区的农民专业合作社，以及生产国家和社会急需的重要农产品的农民专业合作社给予优先扶持。国家政策性金融机构应当采取多种形式，为农民专业合作社提供多渠道的资金支持。国家鼓励商业性金融机构采取多种形式，为农民专业合作社提供金融服务。农民专业合作社享受国家规定的对农业生产、加工、流通、服务和其他涉农经济活动相应的税收优惠。支持农民专业合作社发展的其他税收优惠政策，由国务院规定。以上这些规定，充分体现了国家对农民专业合作社乃至新农村建设的支持力度，对于促进农业农村经济全面发展，构建和谐社会具有重大而深远的意义。

（十一）法律责任

参考第 53 条—第 55 条的法律规定，责任人承担相应的法律责任。

四、中华人民共和国农产品质量安全法

为了从源头上保障农产品质量安全，维护公众的身体健康，促进农业和农村经济发展，十届全国人大常委会第二十一次会议于 2006 年 4 月 29 日审议通过了《中华人民共和国农产品质量安全法》（以下简称农产品质量安全法），并于 2006 年 11 月 1 日起施行。

（一）农产品质量安全概述

农产品即农业生产的产品，是指来源于农业的初级产品，即在农业活动中获得的植物、动物、微生物及其产品。植物产品包括人工通过各种手段栽培的和采集的野兽植物产品，含食用、药用和用于各种其他用途的产品。动物产品包括人工养殖、狩猎的捕捞业产品。农产品质量安全，是指农产品质量符合保障人的健康、安全的要求。农产品质量安全不仅仅局限于微生物污染、化学物质残留及物理危害，还包括如营养、食品质量、标签及安全教育等问题。化学物质残留问题，大致可分为兽药或农药残留超标、动物疫病、环境因素造成的有毒有害物质超标及人为的掺杂使假问题。

人们每天消费的食物中约 70% 为初级产品，农产品的质量安全状况如何，直接关系着人民群众的身体健康乃至生命安全。保证人民群众吃得安全、吃得放心，是坚持以人为本，对人民负责的具体体现。特别是习近平总书记在 2013 年底中央农村工作会议上把农产品质量安全摆到前所未有的高度，强调能不能在这个问题上给老百姓一个满意的交代是对我们

执政能力的重大考验，提出农产品质量安全既是产出来又是管出来的重要论断，要求用“最严谨的标准、最严格的监管、最严厉的处罚、最严肃的问责”确保人民群众“舌尖上的安全”。

（二）农产品质量安全标准

农产品质量安全标准，是依照有关法律、行政法规的规定制定和发布的农产品质量安全的强制性技术规范。一般是指规定农产品质量要求和卫生条件，以保障人的健康、安全的技术规范和要求。市场上销售的农产品必须符合农产品质量安全标准，禁止生产、销售不符合国家规定的农产品质量安全标准的农产品。

农产品质量安全标准由农业行政主管部门商有关部门组织实施。制定农产品质量安全标准应当充分考虑农产品质量安全风险评估结果，并听取农产品生产者、销售者和消费者的意见，保障消费安全。农产品质量安全标准应当根据科学技术发展水平以及农产品质量安全的需要，及时修订。目前已初步建立起一套与国际接轨的农产品质量安全技术标准，基本实现有标可依。

（三）农产品产地安全与生产

1. 农产品的产地安全

农产品的产地安全是指农产品产地的土壤、水体和大气环境质量等符合生产质量安全农产品要求。

县级以上地方人民政府农业行政主管部门按照保障农产品质量安全的要求，根据农产品品种特性和生产区域大气、土壤、水体中有毒有害物质状况等因素，认为不适宜特定农产品生产的，提出禁止生产的区域，报本级人民政府批准后公布。根据农产品产地安全状况，科学确定适宜生产的农产品品种，及时调整种植、养殖结构和区域布局。县级以上人民政府应当采取措施，加强农产品基地建设，改善农产品的生产条件，推进保障农产品质量安全的标准化生产综合示范区、示范农场、养殖小区和无规定动植物疫病区的建设。

禁止在有毒有害物质超过规定标准的区域生产、捕捞、采集食用农产品和建立农产品生产基地。禁止违反法律、法规的规定向农产品产地排放或者倾倒废水、废气、固体废物或者其他有毒有害物质。农产品生产者应当合理使用化肥、农药、兽药、农用薄膜等化工产品，防止对农产品产地造成污染。

2. 农产品的生产

县级以上人民政府农业行政主管部门应当加强对农产品生产的指导。对可能影响农产品质量安全的农药、兽药、饲料和饲料添加剂、肥料、兽医器械，依照有关法律、行政法规的规定实行许可制度。推广应用农牧结合、粮油经济作物复合、种养循环等生产模式。

县级以上人民政府农业行政主管部门应当加强对农业投入品使用的管理和指导，建立健全农业投入品的安全使用制度。农业科研教育机构和农业技术推广机构应当加强对农产品生产者质量安全知识和技能的培训。

农产品生产企业和农民专业合作经济组织应当建立农产品生产记录，如实记载下列事项：①使用农业投入品的名称、来源、用法、用量和使用、停用的日期；②动物疫病、植物病虫草害的发生和防治情况；③收获、屠宰或者捕捞的日期。农产品生产记录应当保存二年。禁止伪造农产品生产记录。国家鼓励其他农产品生产者建立农产品生产记录。

农产品生产者应当按照法律、行政法规和国务院农业行政主管部门的规定，合理使用农业投入品，严格执行农业投入品使用安全间隔期或者休药期的规定，防止危及农产品质量安全。禁止在农产品生产过程中使用国家明令禁止使用的农业投入品。

农产品生产企业和农民专业合作经济组织，应当自行或者委托检测机构对农产品质量安全状况进行检测，经检测不符合农产品质量安全标准的农产品，不得销售。农民专业合作经济组织和农产品行业协会对其成员应当及时提供生产技术服务，建立农产品质量安全管理制度，健全农产品质量安全控制体系，加强自律管理，以充分保证农产品的质量安全。

（四）农产品质量安全的监督检查

依法实施对农产品质量安全状况的监督检查，是防止不符合农产品质量安全标准的产品流入市场、进入消费，危害人民群众健康、安全后果的必要措施。农业部门必须履行农产品从种养殖环节到进入批发、零售市场或生产加工企业前的质量安全监管职责。具体讲，农业部门应当负责农产品生产、收购、储藏、运输、畜禽屠宰及奶站的质量安全监管工作。

1. 农产品质量安全监督检查的主体

国家建立农产品质量安全监测制度，县级以上农业主管部门应当制定并组织实施农产品质量安全监测计划，对农产品进行监督抽查，监督抽查结果由省级以上政府农业主管部门予以公告，以保证公众对农产品质量安全状况的知情权。

从事农产品质量安全检测的机构，必须具备相应的检测条件和能力，由省级以上人民政府农业行政主管部门或者其授权的部门考核合格。农产品质量安全检测机构应当依法经计量认证合格。监督抽查检测应当委托符合条件的农产品质量安全检测机构进行，不得向被抽查人收取费用，抽取的样品不得超过国务院农业行政主管部门规定的数量。上级农业行政主管部门监督抽查的农产品，下级农业行政主管部门不得另行重复抽查。

农产品生产者、销售者对监督抽查检测结果有异议的，可以自收到检测结果之日起五日内，向组织实施农产品质量安全监督抽查的农业行政主管部门或者其上级农业行政主管部门申请复检。采用国务院农业行政主管部门会同有关部门认定的快速检测方法进行农产品质量安全监督抽查检测，被抽查人对检测结果有异议的，可以自收到检测结果时起四小时内申请复检。复检不得采用快速检测方法。

2. 农产品质量安全监督检查的标准

有下列情形之一的农产品，不得销售：①含有国家禁止使用的农药、兽药或者其他化学物质的；②农药、兽药等化学物质残留或者含有的重金属等有毒有害物质不符合农产品质量安全标准的；③含有的致病性寄生虫、微生物或者生物毒素不符合农产品质量安全标准的；④使用的保鲜剂、防腐剂、添加剂等材料不符合国家有关强制性的技术规范的；⑤

其他不符合农产品质量安全标准的。

上述五种情况基本涵盖农产品的质量安全标准，在实际生产、销售中也必须按照以上标准来进行检测，凡是有上述情形出现的都不得销售。

3. 农产品安全监督检查的处理办法

国家鼓励单位和个人对农产品质量安全进行社会监督。任何单位和个人都有权对违反本法的行为进行检举、揭发和控告。有关部门收到相关的检举、揭发和控告后，应当及时处理。

农产品安全监督检查的处理办法主要有：①抽查检测发现不符合农产品质量安全标准的，应当要求销售者立即停止销售，并向农业行政主管部门报告；②农产品销售企业对其销售的农产品查验不符合农产品质量安全标准的，不得销售；③县级以上人民政府农业行政主管部门在农产品质量安全监督检查中，可以对生产、销售的农产品进行现场检查，调查了解农产品质量安全的有关情况，查阅、复制与农产品质量安全有关的记录和其他资料，对经检测不符合农产品质量安全标准的农产品，有权查封、扣押。

（五）法律责任

参考第 43 条—第 54 条的法律规定，责任人承担相应的法律责任。

五、中华人民共和国农业技术推广法

发展农业需要将科技转化为现实生产力。农业技术推广就是将各种先进的农业实用技术通过试验、示范、培训等方式向农业生产领域转移和扩散。《中华人民共和国农业技术推广法》（以下简称农技推广法）为解决农业技术推广工作中的突出问题，提供了法律依据。本节主要介绍农业技术推广应遵循的基本原则、推广体系、推广与应用，保障措施，农技推广机构、农技推广人员和农业劳动者的职责、权利、义务等。

（一）农技推广的概念

根据《农技推广法》，农业技术是指应用于种植业、林业、畜牧业、渔业的科研成果和实用技术。农业技术中的农业是大农业的概念，包括了种植业、畜牧业、林业和渔业。农业技术就是服务于农业生产方面的科研成果和实用技术。因此其主要包括：①良种繁育、栽培、肥料施用和养殖技术；②植物病虫害、动物疫病和其他有害生物防治技术；③农产品收获、加工、储藏、运输技术；④农业投入品安全使用、农产品质量安全检验检测技术；⑤农田水利、农村供排水、土壤改良与水土保持技术；⑥农业机械化、农用航空、农业气象和农业信息技术；⑦农业防灾减灾、农业资源与环境保护和农村能源开发利用技术；⑧其他农业新技术等。

所谓推广，就是推进普及的意思。农业技术推广，就是把农业技术应用普及于农业生产的全过程。根据《农技推广法》第 2 条第 2 款的规定，农业技术推广，是指通过试验、示范、培训、指导以及咨询服务等，把农业技术普及应用于农业产前、产中、产后全过程的活动。

（二）农技推广的原则

农业技术推广应当遵循的下列几项原则：

1. 有利于农业、农村经济可持续发展和增加农民收入

该原则是农业技术推广的首要原则和根本目的。农业技术推广工作的根本目的就是通过农业科研成果与技术的普及与应用工作，促进农业的发展。同时，农技推广既要追求眼前利益，又要重视长远发展，所以农技推广也应该是可持续发展。通过农业技术推广工作，使农民获得实用知识，提高自身素质，提高决策能力，从而增加收入。

2. 尊重农业劳动者和农业生产经营组织的意愿

自愿原则是农业技术推广的一项基本原则，农业劳动者和农业生产经营组织的意愿是开展农业技术推广的前提。任何组织和个人不得强制农业劳动者和农业生产经营组织应用农业技术。

3. 因地制宜，经过试验、示范

农业生产受自然环境影响和自然力作用较大，并且我国幅员辽阔、地形复杂、条件千差万别，农业技术推广一定要根据各地的具体情况，制定适宜的办法，并且需要经过试验、示范。试验和示范是农业技术推广过程中的两个重要步骤，试验、示范可以是集品种与技术于一体，全方位多角度为农民提供可学、可看、可操作平台。更为重要的是，试验、示范，克服了推广开发新品种的盲目性，降低了风险性，提高了安全性，减少了新品种在推广过程中因自然条件不同造成的损失。

4. 公益性推广与经营性推广分类管理

国家农业技术推广机构重点承担公益性农业技术推广服务。农业科研单位、有关学校发挥人才优势，积极参与农业技术推广并承担部分公益性服务，农民专业合作社、涉农企业、群众性科技组织等结合自身业务特点，开展农业技术推广服务。

5. 兼顾经济效益、社会效益，注重生态效益

现代农业持续发展的目标要求借助农业技术进步，提高农业投入的转化效率，注重经济效益、社会效益和生态效益的结合。

（三）国家农业技术推广机构

国家农业技术推广机构包括国家、省、市、县、乡等。县乡两级的农业技术推广部门，是推广体系的主体。《农技推广法》第 12 条规定："国家根据科学合理、集中力量的原则以及县域农业特色、森林资源、水系和水利设施分布等情况，因地制宜设置县、乡级或区域国家农业技术推广机构。"2010 年中央 1 号文件指出，"抓紧建设乡镇或区域性农技推广等公共服务机构，扩大基层农技推广体系改革与建设示范县范围。"随着交通、信息等条件的改善，为统一调配和整合人力资源，集中力量搞好技术服务，一些地方尝试按区域设立农业技术推广机构，取得了一定效果。一个服务区域往往覆盖几个乡镇的农业技术推广工作。

乡镇国家农业技术推广机构，可以实行县级人民政府农业技术推广部门管理为主或者乡镇人民政府管理为主、县级人民政府农业技术推广部门业务指导的体制，具体由省、自

治区、直辖市人民政府确定。

各级国家农业技术推广机构属公共服务机构，其公益性职责是：①各级人民政府确定的关键农业技术的引进、试验、示范；②植物病虫害、动物疫病及农业灾害的监测、预报和预防；③农产品生产过程中的检验、检测、监测咨询技术服务；④农业资源、森林资源、农业生态安全和农业投入品使用的监测服务；⑤水资源管理、防汛抗旱和农田水利建设技术服务；⑥农业公共信息和农业技术宣传教育、培训服务；⑦法律、法规规定的其他职责。

（四）国家农业技术推广机构的专业技术人员

国家农业技术推广机构的人员是从事农业推广的主要力量，县级以上人民政府应当合理确定国家农业技术推广机构的人员编制，国家农业技术推广机构的人员编制应当根据所服务区域的种养规模、服务范围和工作任务等合理确定，保证公益性职责的履行。

1. 人员编制和结构比例

根据《农技推广法》第 13 条第 2 款的规定，国家农业技术推广机构的岗位设置应当以专业技术岗位为主。乡镇国家农业技术推广机构的岗位应当全部为专业技术岗位，县级国家农业技术推广机构的专业技术岗位不得低于机构岗位总量的 80%，其他国家农业技术推广机构的专业技术岗位不得低于机构岗位总量的百分之 70%。

2. 农业技术人员的上岗资格

国家农业技术推广机构的专业技术人员应当具有相应的

专业技术水平，符合岗位职责要求；根据《农技推广法》第14条第2款的规定，国家农业技术推广机构聘用的新进专业技术人员，应当具有大专以上有关专业学历，并通过县级以上人民政府有关部门组织的专业技术水平考核。自治县、民族乡和国家确定的连片特困地区，经省、自治区、直辖市人民政府有关部门批准，可以聘用具有中专有关专业学历的人员或者其他具有相应专业技术水平的人员。国家鼓励和支持高等学校毕业生和科技人员到基层从事农业技术推广工作。各级人民政府应当采取措施，以县级农技推广机构为依托，吸引人才，充实和加强基层农业技术推广队伍，提升人员素质。

（五）农业科研单位和有关学校

农业科研院所、农业院校是科研成果的源头，具有一定的人才、技术、设备、信息交流广泛等优势。在科学技术日新月异的今天、将新成果、新技术推广普及出去，可以做到既出成果又出经济效益。因此，我们一方面要加大农业科技攻关力度，推动农业科研大发展，多出成果；一方面要加大农业科技推广力度，努力提高科技成果转化率。立足农村的实际情况，服务“三农”是农业科研单位和有关学校的重要任务之一，因此这些单位和学校应当适应农村经济建设发展的需要，开展农业技术开发和推广工作，加快先进技术在农业生产中的普及应用。农业科研单位和有关学校应当将其科技人员从事农业技术推广工作的实绩作为工作考核和职称评定的重要内容。

教育、人力资源和社会保障、农业、林业、水利、科学技术等部门应当支持农业科研单位、有关学校开展有关农业技术推广的职业技术教育和技术培训，提高农业技术推广人员和农业劳动者的技术素质。

（六）村级农业技术服务站点和农民技术人员

国家鼓励和支持村级农业技术服务站点和农民技术人员开展农业技术推广。村级农业技术服务站点是指在村一级设立的，在农业技术推广机构的指导下，为农业劳动者提供技术服务的组织。村级农技服务站点和农民技术人员是连接基层国家农技推广机构和农民的纽带和桥梁，贴近农业、面临一线农业劳动者，可以从农民的现实需求出发，提供技术、农资、信息等全面服务。

（七）农场、林场、牧场、渔场、水利工程管理单位

农场、林场、牧场、渔场、水利工程管理等单位是农业技术集中试验、示范基地，直接运用农业技术，专业性和针对性强，并且贴近农民，服务灵活，影响广泛，也是我国农技推广体系的重要组成部分。这些单位可以以市场为导向，以效益为中心，组织农民和农业生产单位参观、学习和培训，为新技术的推广提供可靠的依据和示范，也可以利用自身科技优势进行新品种实验和推广。国家鼓励这些组织在做好本单位的农业技术推广工作的同时，面向社会开展农业技术推广服务。

（八）群众性农业科技组织

群众性农业科技组织是指由农民和其他农业科技人员自愿设立的、民间性农业科技服务组织，例如农民专业合作社、农民专业技术协会等。农民专业合作社、农民专业技术协会等组织，本身就与农民建立了紧密的利益联结机制，他们进行的试验示范、农资供应、标准化生产指导和技术培训、农产品市场营销等活动，满足了农业劳动者个性化、市场化的服务需求，是对国家推广机构公益性服务活动的重要补充。因此，国家鼓励和支持发展农村专业技术协会等群众性科技组织，发挥它们在农业技术推广中的作用。

（九）农业示范区

近些年，全国建立了一批国家农业科技园区，许多地方也建立了区域性的现代农业示范区。这些园区发挥了良好的带动辐射作用。园区聚集了科技、金融、信息、服务等要素，是传播农业技术的新生力量。为此，《农技推广法》第26条规定："国家鼓励和支持以大宗农产品和优势特色农产品生产为重点的农业示范区建设，发挥示范区对农业技术推广的引领作用，促进农业产业化发展和现代农业建设。"

（十）农业技术的推广

1. 农业技术推广项目的制定

农业技术推广项目是指根据一定时期农业技术成果和农业生产需要编制的应予推广的农业技术类别。为提高农业技术推广和应用水平，农业技术推广需要按照规划和计划推广，应当以项目为单位，同时对项目进行分类。根据《农技推广法》第19条的规定，重大农业技术的推广应当列入国家和地方相关发展规划、计划，由农业技术推广部门会同科学技术等相关部门按照各自的职责，相互配合，组织实施。农业技术推广项目的编制必须因地制宜，除具有经济效果外，还应当具有社会效果、生态效果和资源效果。

2. 农业科研单位和有关学校科研成果的推广

农业科研成果是指在农业各个领域内，通过调查、研究、试验、推广应用，所提出的能够推动农业科学技术进步，具有明显的经济效益、社会效益并通过社会鉴定或被市场机制所证明的物质、方法或方案。农业科研单位和有关学校应当把农业生产中需要解决的技术问题列为研究课题，增加先进农业技术的有效供给。其科研成果可以通过农业技术推广机构推广，也可以直接向农业劳动者和农业生产经营组织推广。

3. 农业技术推广的程序

农业技术推广首先应制定农业技术推广项目。其次，在推广农业技术时，应当选择有条件的农户、区域或者工程项目，进行应用示范。向农业劳动者和农业生产经营组织推广的农业技术，必须在推广地区经过试验证明具有先进性、适用性和安全性。为防止不顾具体情况，将未经过试验、示范就大面积推广的情况，《农技推广法》第36条规定：“向农业劳动者、农业生产经营组织推广未经试验证明具有先进性、适用性或者安全性的农业技术，造成损失的，应当承担赔偿责任。”

4. 农业技术推广的经费与服务收费

各级国家农业技术推广机构作为国家的事业单位，属公共服务机构，承担公益性职责。就农业推广项目而言，各级人民政府通过财政拨款以及从农业发展基金中提取一定比例的资金的渠道，筹集农业技术推广专项资金，用于实施农业技术推广项目。中央财政对重大农业技术推广给予补助。就工作经费而言，县、乡级国家农业技术推广机构的工作经费根据当地服务规模和绩效确定，由各级财政共同承担。因此，国家农业技术推广机构向农业劳动者和农业生产经营组织推广农业技术，实行无偿服务。

国家农业技术推广机构以外的单位及科技人员以技术转让、技术服务、技术承包、技术咨询和技术入股等形式提供农业技术的，可以实行有偿服务，其合法收入和植物新品种、农业技术专利等知识产权受法律保护。进行农业技术转让、技术服务、技术承包、技术咨询和技术入股，当事人各方应当订立合同，约定各自的权利和义务。

5. 购买服务

政府购买公共服务是一种政府提供公共服务方式，它是指政府将由自身承担的为社会发展和人民日常生活提供的公共服务事项交给有资质的、专业性社会组织来完成，并定期按照市场标准相互建立提供服务产品的合约，由该社会组织提供公共服务产品，政府按照一定的标准进行评估履约情况来支付服务费用。农业技术推广也可以采取这一方式。根据《农技推广法》第27条的规定，各级人民政府可以采取购买服务等方式，引导社会力量参与公益性农业技术推广服务。

6. 奖励和扶持措施

为鼓励更多的机构和人员从事农业技术推广服务，《农技推广法》第8条规定："对在农业技术推广工作中做出贡献的单位和个人，给予奖励。"《农技推广法》第33条规定："从事农业技术推广服务的，可以享受国家规定的税收、信贷等方面的优惠。"明确国家在税收、信贷等方面对多元化农技推广组织的扶持措施，并吸引更多的社会力量积极参与农技推广活动，有利于推动农技推广多形式、多渠道、多层次发展，有利于构建政府扶持、社会参与的农技推广格局。

（十一）农业技术应用

1. 农业技术的培训

农业技术的培训是农业技术应用的前提，农业和农村发展依赖于科技进步和劳动者素质的提高，农业科技推广培训在两者之间发挥着重要的桥梁和纽带作用。农业专业技术人员的素质是农业生产力提升的重要因素之一，同时对农业劳动者的培训要立足于农业技术的实用性。县、乡镇国家农业技术推广机构应当组织农业劳动者学习农业科学技术知识，提高其应用农业技术的能力。教育、人力资源和社会保障、农业、林业、水利、科学技术等部门应当支持农业科研单位、有关学校开展有关农业技术推广的职业技术教育和技术培训，提高农业技术推广人员和农业劳动者的技术素质。国家鼓励社会力量开展农业技术培训。

2. 农业劳动者和农业生产经营组织对农业技术应用的选择权

农业劳动者和农业生产经营组织根据自愿的原则应用农业技术，任何单位或者个人不得强迫。《农技推广法》第37

条规定："强迫农业劳动者、农业生产经营组织应用农业技术，造成损失的，依法承担赔偿责任。"

（十二）我国农技推广的资金保障

1. 建立农业技术推广资金稳定增长机制

国家逐步提高对农业技术推广的投入，扶持农业技术推广事业。各级人民政府在财政预算内应当保障用于农业技术推广的资金，并按规定使该资金逐年增长。根据《农技推广法》第 28 条的规定，国家逐步提高对农业技术推广的投入。各级人民政府在财政预算内应当保障用于农业技术推广的资金，并按规定使该资金逐年增长。各级人民政府通过财政拨款以及从农业发展基金中提取一定比例的资金的渠道，筹集农业技术推广专项资金，用于实施农业技术推广项目。中央财政对重大农业技术推广给予补助。目前，中央财政对重大农技推广项目已有专项支持，今后主要是逐步扩大规模和范围。

2. 保障基层推广机构工作经费

县、乡级国家农业技术推广机构的工作经费根据当地服务规模和绩效确定，由各级财政共同承担。各级财政包括了从中央到地方，这一规定可以有力地保障农业技术推广工作经费。任何单位或者个人不得截留或者挪用用于农业技术推广的资金。

3. 保障基层农技推广人员的福利待遇

《农技推广法》第 29 条规定："各级人民政府应当采取措施，保障和改善县、乡镇国家农业技术推广机构的专业技术人员的工作条件、生活条件和待遇，并按照国家规定给予补贴，保持国家农业技术推广队伍的稳定。”保障的标准是基层农技推广机构在岗人员工资收入要与基层其他事业单位人员工作平均水平相衔接。

（十三）物质保障

农业技术推广工作的顺利开展必须依托一定的物质条件，因此，必要的工作条件的建立和健全是农技推广工作的前提，主要包括实验基地、测试设备、生产资料和设备、设施等。《农技推广法》第30条规定：“各级人民政府应当采取措施，保障国家农业技术推广机构获得必需的试验示范场所、办公场所、推广和培训设施设备等工作条件。地方各级人民政府应当保障国家农业技术推广机构的试验示范场所、生产资料和其他财产不受侵害。”

（十四）人员保障

农业技术推广队伍常年在农业生产第一线工作，推动农技推广工作健康持续发展，必须建立一支技术水平高、业务能力强的农技推广队伍。2012年中央1号文件指出，“根据产业发展实际设立公共服务岗位。全面实行人员聘用制度，严格上岗条件，落实岗位责任，推行县主管部门、乡镇政府、农民三方考评办法。对扎根乡村服务农民、艰苦奉献的农技推广人员，要切实提高待遇水平，落实工资倾斜和绩效工资政策，实现在岗人员工资收入与基层事业单位人员工资收入平均水平相衔接。”

各级人民政府应当采取措施，保障和改善国家农业技术推广机构的专业技术人员待遇，并依照国家规定给予补贴。对在县、乡镇、村从事农业技术推广工作的专业技术人员的职称评定，应当以考核其推广工作的业务技术水平和实绩为主。

（十五）监督管理

对农业技术推广机构和农业技术推广人员加强监督管理是落实各项农业技术推广工作的重要措施。监督管理是《农技推广法》制度化管理、社会化服务的重要组成部分。加强监督管理就是要提供规范化要求和制度化保证。

1. 政府及有关部门未履行职责的责任

在农业推广工作中，国务院农业、林业、水利等部门按照各自的职责，负责全国范围内有关的农业技术推广工作。县级以上地方各级人民政府农业技术推广部门在同级人民政府的领导下，按照各自的职责，负责本行政区域内有关的农业技术推广工作。同级人民政府科学技术部门对农业技术推广工作进行指导。同级人民政府其他有关部门按照各自的职责，负责农业技术推广的有关工作。《农技推广法》第 34 条规定：“各级人民政府有关部门及其工作人员未依照本法规定履行职责的，对直接负责的主管人员和其他直接责任人员依法给予处分。”

2. 国家农业技术推广机构及其工作人员不认真履行义务的责任

国家农业技术推广机构及其工作人员在本职工作中应当勇于主动承担工作责任，尽心尽责，忠实履行职责。《农技推广法》第 35 条规定："国家农业技术推广机构及其工作人员未依照本法规定履行职责的，由主管机关责令限期改正，通报批评；对直接负责的主管人员和其他直接责任人员依法给予处分。"在工作中如果向农业劳动者、农业生产经营组织推广未经试验证明具有先进性、适用性或者安全性的农业技术，造成损失的，应当承担赔偿责任。强迫农业劳动者、农业生产经营组织应用农业技术，造成损失的，依法承担赔偿责任。

3. 绩效考评制度

《农技推广法》第 32 条规定："县级以上农业技术推广部门、乡镇人民政府应当对其管理的国家农业技术推广机构履行公益性职责的情况进行监督、考评。各级农业技术推广部门和国家农业技术推广机构，应当建立国家农业技术推广机构的专业技术人员工作责任制度和考评制度。"具体而言，县级人民政府农业技术推广部门管理为主的乡镇国家农业技术推广机构的人员，其业务考核、岗位聘用以及晋升，应当充分听取所服务区域的乡镇人民政府和服务对象的意见。乡镇人民政府管理为主、县级人民政府农业技术推广部门业务指导的乡镇国家农业技术推广机构的人员，其业务考核、岗位聘用以及晋升，应当充分听取所在地的县级人民政府农业技术推广部门和服务对象的意见。

（十六）法律责任

参考第 34 条—第 38 条的法律规定，责任人承担相应的法律责任。

六、中华人民共和国农业机械化促进法

《中华人民共和国农业机械化促进法》（以下简称《农业机械化促进法》）于2004年6月25日中华人民共和国主席令第16号公布，自2004年11月1日起施行。这是我国第一部有关促进农业机械化方面的法律，标志着我国农机化事业进入了法制化发展阶段，是加速我国农业现代化发展的推动器。其紧紧围绕促进农业机械化发展的科研开发、质量保障、推广使用、社会化服务和扶持措施等相关环节分别作出了法律规定。

（一）立法背景和意义

随着我国建设小康社会进程的不断加快，为增强我国农产品在国际市场的竞争力，推动我国经济社会的发展和提高人们的生活水平，党和国家高度重视农机化事业的发展，尤其是在国家重视三农问题的大背景下出台了本法。

学习贯彻落实好这部法律，有利于开展农业机械化科技知识的宣传和教育，培养农业机械化专业人才，推进农业机械化信息服务，提高农业机械化水平。对巩固我国农业基础，促进农业、农村经济发展和建设现代化农业有着重要的意义。

（二）立法目的

农业机械化促进法的立法目的主要有以下的两个方面：（1）鼓励、扶持农民和农业生产经营组织使用先进适用的农业机械；（2）促进农业机械化，建设现代农业。制定农业机械化促进法的最终目的就是为了促进我国农业机械化的发展，

为了建设现代农业。这既是本法的立法目的，也是贯穿于整部法律的立法指导思想。根据这一指导思想，农业机械化促进法为保障和促进农业机械化发展、建设现代农业提供了有力的法律保障。

（三）农业机械化与农业机械的概念

农业机械化是指运用先进适用的农业机械装备农业，改善农业生产经营条件，不断提高农业的生产技术水平和经济效益、生态效益的过程。农业机械化是一个不断提高、不断完善的过程；发展农业机械化，是新形势下加强农业基础地位，增加农民收入，提高农业综合生产能力的必然要求。农业机械是指用于农业生产及其产品初加工等相关农事活动的机械、设备。农业机械的定义是按照农业法中“农业”的概念，从大农业的角度对农业机械的范围进行的界定，将用于农业生产及其产品初加工等相关农事活动的机械、设备统称为农业机械。

（四）科研开发

我国是一个农业大国，全面建设小康社会的难点在农村，重点在农民。农业机械是现代农业的重要物质基础，是农业现代化的重要内容。发展农业机械化，科研开发十分重要，我国农业机械存在的主要问题是工艺落后、可靠性差。没有科研开发成果就没有先进适用的、质量高的农业机械。对此，《农业机械化促进法》对农业机械的科研开发做出了如下规定：

1. 省级以上人民政府及其有关部门应当组织有关单位采

取技术攻关、试验、示范等措施，促进基础性、关键性、公益性农业机械科学研究和先进适用的农业机械的推广应用。

2. 国家支持有关科研机构和院校加强农业机械化科学技术研究，根据不同的农业生产条件和农民需求，研究开发先进适用的农业机械；支持农业机械科研、教学与生产、推广相结合，促进农业机械与农业生产技术的发展要求相适应。

3. 国家支持农业机械生产者开发先进适用的农业机械，采用先进技术、先进工艺和先进材料，提高农业机械产品的质量和技术水平，降低生产成本，提供系列化、标准化、多功能和质量优良、节约能源、价格合理的农业机械产品。

4. 国家支持引进、利用先进的农业机械、关键零配件和技术，鼓励引进外资从事农业机械的研究、开发、生产和经营。

（五）质量保障

目前，我国农业机械产品的质量问题较多，严重制约了农业机械化的发展。为解决农业机械产品质量问题，保护农民利益，《农业机械化促进法》规定了如下保障措施：

第一，国家加强农业机械化标准体系建设，制定和完善农业机械产品质量、维修质量和作业质量等标准。对农业机械产品涉及人身安全、农产品质量安全和环境保护的技术要求，应当按照有关法律、行政法规的规定制定强制执行的技术规范。

第二，产品质量监督部门应当依法组织对农业机械产品质量的监督抽查。工商行政管理部门应当依法加强对农业机械产品市场的监督管理工作。国务院农业行政主管部门和省级人民政府主管农业机械化工作的部门根据农业机械使用者的投诉情况和农业生产的实际需要，可以组织对在用的特定种类农业机械产品的适用性、安全性、可靠性和售后服务状况进行调查，并公布调查结果。

第三，农业机械生产者、销售者应当对其生产、销售的农业机械产品质量负责，并按照国家有关规定承担零配件供应和培训等售后服务责任。农业机械生产者应当按照国家标准、行业标准和保障人身安全的要求，在其生产的农业机械产品上设置必要的安全防护装置、警示标志和中文警示说明。

第四，农业机械产品不符合质量要求的，农业机械生产者、销售者应当负责修理、更换、退货；给农业机械使用者造成农业生产损失或者其他损失的，应当依法赔偿损失。农业机械使用者有权要求农业机械销售者先予赔偿，农业机械销售者赔偿后，属于农业机械生产者的责任的，农业机械销售者有权向农业机械生产者追偿。因农业机械存在缺陷造成人身伤害、财产损失的，农业机械生产者、销售者应当依法赔偿损失。

为解决农业机械产品质量问题，保护农民利益，《农业机械化促进法》第15条做出了下列禁止性规定：“①列入依法必须经过认证的产品目录的农业机械产品，未经认证并标注认证标志，禁止出厂、销售和进口；②禁止生产、销售不符合国家技术规范强制性要求的农业机械产品；③禁止利用残次零配件和报废机具的部件拼装农业机械产品。”

（六）推广使用

农业机械是重要的农业生产资料，在农业生产投资中占有非常重要的地位。对于农业生产者来说，能否购买到质量优良、价格合理的农机产品，直接决定着其生产活动的成败。对于国家来说，推广运用的农机产品是否具有质量稳定、节约能源、保护环境等特点决定着农业机械化进程的速度和整体效益。因而，国家必须建立科学合理的农机推广运用体系，确保得到推广运用的农业机械的质量和功能，为了实现这一目标，可以从以下几个方面着手：

1. 建立必要的农业机械鉴定机制，提供农业机械信息服务

根据《农业机械化促进法》的规定："农业机械生产者或者销售者，可以委托农业机械试验鉴定机构，对其定型生产或者销售的农业机械产品进行适用性、安全性和可靠性检测，作出技术评价。农业机械试验鉴定机构应当公布具有适用性、安全性和可靠性的农业机械产品的检测结果，为农民和农业生产经营组织选购先进适用的农业机械提供信息。"

2. 确立先进适用的农机产品目录制度

先进适用的农业机械产品目录分为两个层次，即国家支持推广的农机产品目录和省级支持推广的农机产品目录。对于区域适应性较强，适合在全国范围内推广的农机产品，国务院农业行政主管部门会同国务院财政部门、经济综合宏观调控部门纳入国家支持推广的先进适用的农业机械产品目录，并定期调整。对于具有一定的区域适应性，适合在某个省份

推广的农机产品，由省级人民政府主管农业机械化工作的部门会同同级财政部门、经济综合宏观调控部门纳入省级人民政府支持推广的先进适用的农业机械产品目录，并定期调整。

3. 建立农业机械化示范基地和示范点

农业生产者在购买农机产品时，除了会考虑产品的价格、质量和性能等因素外，还会更多地关注该产品的地域适用性、可靠性以及该产品使用后的实际效果。为了确保农机产品的实用性，同时为了引导农民自觉自愿地选择先进的农机产品，具体而言，县级以上人民政府可以根据实际情况，在不同的农业区域建立农业机械化示范基地，并鼓励农业机械生产者、经营者等建立农业机械示范点，引导农民和农业生产经营组织使用先进适用的农业机械。

4. 鼓励农民合作使用农业机械，提升农业机械的使用效率

当前我国农村地区的生产模式是家庭联产承包责任制，在这种生产形式下，单个家庭耕作的土地资源都比较有限，如果单纯以户为单位购买农业机械，将会导致重复购买、资源闲置浪费等问题。不仅如此，由于农民的支付能力非常有限，如果仅仅以户为单位推广农机，还会导致大型农业机械设备因价格昂贵而难以获得推广。同时，任何单位和个人不得以区域化、标准化种植为借口，侵犯农民的土地承包经营权。

5. 强化农业机械化安全使用方面的宣传、教育和管理

农机安全不仅涉及农业生产者自身的安全，也关系到社会和公共安全。因而，相关政府部门在推广农业机械的过程

中必须切实履行相应的宣传、教育和管理职责。具体而言，国务院农业行政主管部门和县级以上地方人民政府主管农业机械化工作的部门，应当按照安全生产、预防为主的方针，加强对农业机械安全使用的宣传、教育和管理。要采取必要的措施确保农业机械使用者在作业时按照安全操作规程操作农业机械，在有危险的部位和作业现场设置防护装置或者警示标志。

（七）扶持措施

我国是一个农业大国。长期以来，党和政府一直非常重视对农业发展（包括农业机械化发展）的投入。经过多年的努力，中央和各级地方人民政府制定了一系列促进农业机械化发展的扶持政策和措施，极大地调动了农业生产者运用农业机械进行生产的积极性，有力地促进了农业生产的飞速发展。在今后要进一步改进和加强对农机推广事业的扶持力度。具体而言，应当从以下几个方面着手：

1. 对农业机械的科研开发和技术创新给予财政支持和税收优惠

当前，我国农业机械的生产存在以下两大缺陷：一是农业机械产品的质量不过硬，耗油多、容易损坏，有些农机产品甚至存在着危害人身安全的隐患；二是一些常规的农业机械，如拖拉机、施肥机等农机市场已经趋于饱和。在此背景下，农机生产企业如果不进行技术革新，生产出节能环保、质量过硬、适应时代需要的农机产品，将严重影响我国农业机械化和农业现代化的进程。因而，国家有必要通过财政、税收等手段，引导农机生产者转变生产观念，加强科研开发和技术创新。为此，《农业机械化促进法》明确要求，国家应当采取措施，鼓励和支持农业机械生产者增加新产品、新技术、新工艺的研究开发投入，并对农业机械的科研开发和制造实施税收优惠政策。

2. 对农业生产者购买农业机械给予财政补贴

为了调动农业生产者运用农业机械进行生产的积极性，引导农业生产者选择先进适用的农业机械，国家应当对购买先进适用的农业机械实施财政补贴。具体而言，中央政府和省级政府在发放财政补贴时首先应当遵循公开、公正、及时、有效的原则；其次，在确定补贴资金的发放对象和发放标准时要采取统一的标准，防止出现因人而异的不平等现象；再次，补贴信息的发布要及时，补贴资金的发放要准时到位，不得拖拉延迟；最后，补贴的农业机械必须是对当地的农业生产切实有用的，能够有效地促进增产和增收。

3. 对农机服务活动和农机作业活动给予税收优惠和财政补贴

相关政府部门对于从事农业机械生产作业服务行业的收入，应当按照国家规定给予税收优惠。此外，国家还应根据农业和农村经济发展的需要，对农业机械的农业生产作业用燃油安排财政补贴。燃油补贴应当向直接从事农业机械作业的农民和农业生产经营组织发放。

4. 强化与农业机械化有关的基础设施建设

农业机械的推广速度和推广效益与相关的基础设施建设密不可分。以农业机耕道路为例，如果农业机耕道路狭窄泥泞、坑洼不平，那么无论农业机械多么先进也难以发挥促进农业生产的作用，因而很难为当地农业生产者所接受。再以相关的信息平台为例，如果农业机械的信息平台非常落后，根本无法及时有效地向相关市场主体传递购销信息，那么无论农业生产者运用农业机械的愿望多么迫切，农业机械的推广活动也难以有效地开展。基于这一原因，地方各级人民政府应当采取措施加强农村机耕道路等农业机械化基础设施的建设和维护，为农业机极化创造条件。与此同时，县级以上地方人民政府主管农业机械化工作的部门应当建立农业机械化信息搜集、整理、发布制度，为农民和农业生产经营组织免费提供信息服务。

（八）法律责任

为了保障《农业机械化促进法》的贯彻落实，提高农业的生产技术水平和经济效益，必须明确相关责任主体的法律责任。具体而言，农业机械的生产、销售者，农业机械试验鉴定机构以及农业行政主管部门等主体实施了违反《农业机械化促进法》的行为时，将承担相应的民事责任、行政责任以及刑事责任。

七、中华人民共和国畜牧法

为了规范畜牧业生产经营行为，保障畜禽产品质量安全，保护和合理利用畜禽遗传资源，维护畜牧业生产经营者的合法权益，促进畜牧业持续健康发展，制定本法.《中华人民共和国畜牧法》已由中华人民共和国第十届全国人民代表大会常务委员会第十九次会议于2005年12月29日通过，现予公布，自2006年7月1日起施行。在中华人民共和国境内从事畜禽的遗传资源保护利用、繁育、饲养、经营、运输等活动，适用本法。

（一）畜禽的概念

畜禽指列入依照《畜牧法》第11条规定公布的畜禽遗传资源目录的畜禽。蜂、蚕的资源保护利用和生产经营，适用《畜牧法》有关规定。

（二）畜禽遗传资源的概念

畜禽遗传资源 指畜禽及其卵子（蛋）、胚胎、精液、基因物质等遗传材料。本法所称种畜禽，是指经过选育、具有种用价值、适于繁殖后代的畜禽及其卵子（蛋）、胚胎、精液等。

（三）畜禽遗传资源保护制度

国家建立畜禽遗传资源保护制度各级人民政府应当采取措施，加强畜禽遗传资源保护，畜禽遗传资源保护经费列入财政预算。畜禽遗传资源保护以国家为主，鼓励和支持有关单位、个人依法发展畜禽遗传资源保护事业。

1. 畜禽遗传资源保护名录的制定

省级人民政府畜牧兽医行政主管部门根据全国畜禽遗传资源保护和利用规划及本行政区域内畜禽遗传资源状况，制定和公布省级畜禽遗传资源保护名录，并报国务院畜牧兽医行政主管部门备案。国务院畜牧兽医行政主管部门根据全国畜禽遗传资源保护和利用规划及国家级畜禽遗传资源保护名录，省级人民政府畜牧兽医行政主管部门根据省级畜禽遗传资源保护名录，分别建立或者确定畜禽遗传资源保种场、保护区和基因库，承担畜禽遗传资源保护任务。

2. 畜禽遗传资源基因库

受中央和省级财政资金支持的畜禽遗传资源保种场、保护区和基因库，未经国务院畜牧兽医行政主管部门或者省级人民政府畜牧兽医行政主管部门批准，不得擅自处理受保护的畜禽遗传资源。畜禽遗传资源基因库应当按照国务院畜牧兽医行政主管部门或者省级人民政府畜牧兽医行政主管部门的规定，定期采集和更新畜禽遗传材料。有关单位、个人应当配合畜禽遗传资源基因库采集畜禽遗传材料，并有权获得适当的经济补偿。

3. 新畜禽遗传资源的保护

新发现的畜禽遗传资源在国家畜禽遗传资源委员会鉴定前，省级人民政府畜牧兽医行政主管部门应当制定保护方案，采取临时保护措施，并报国务院畜牧兽医行政主管部门备案。

（四）种畜禽品种选育与生产经营

省级以上畜牧兽医技术推广机构可以组织开展种畜优良个体登记，向社会推荐优良种畜。优良种畜登记规则由国务院畜牧兽医行政主管部门制定。从事种畜禽生产经营或者生产商品代仔畜、雏禽的单位、个人，应当取得种畜禽生产经营许可证。申请人持种畜禽生产经营许可证依法办理工商登记，取得营业执照后，方可从事生产经营活动。

国务院畜牧兽医行政主管部门负责全国畜牧业的监督管

理工作。县级以上地方人民政府畜牧兽医行政主管部门负责本行政区域内的畜牧业监督管理工作。县级以上人民政府有关主管部门在各自的职责范围内，负责有关促进畜牧业发展的工作。

畜牧业生产经营者可以依法自愿成立行业协会，为成员提供信息、技术、营销、培训等服务，加强行业自律，维护成员和行业利益。畜牧业生产经营者应当依法履行动物防疫和环境保护义务，接受有关主管部门依法实施的监督检查。

1. 种畜禽生产经营许可证

从事种畜禽生产经营或者生产商品代仔畜、雏禽的单位、个人，应当取得种畜禽生产经营许可证。申请人持种畜禽生产经营许可证依法办理工商登记，取得营业执照后，方可从事生产经营活动。申请取得种畜禽生产经营许可证，应当具备下列条件：①生产经营的种畜禽必须是通过国家畜禽遗传资源委员会审定或者鉴定的品种、配套系，或者是经批准引进的境外品种、配套系；②有与生产经营规模相适应的畜牧兽医技术人员；③有与生产经营规模相适应的繁育设施设备；④具备法律、行政法规和国务院畜牧兽医行政主管部门规定的种畜禽防疫条件；⑤有完善的质量管理和育种记录制度；⑥具备法律、行政法规规定的其他条件。

申请取得生产家畜卵子、冷冻精液、胚胎等遗传材料的生产经营许可证，除应当符合本法第二十二条第二款规定的条件外，还应当具备下列条件：①符合国务院畜牧兽医行政主管部门规定的实验室、保存和运输条件；②符合国务院畜牧兽医行政主管部门规定的种畜数量和质量要求；③体外授精取得的胚胎、使用的卵子来源明确，供体畜符合国家规定的种畜健康标准和质量要求；④符合国务院畜牧兽医行政主管部门规定的其他技术要求。

2. 申请程序

申请取得生产家畜卵子、冷冻精液、胚胎等遗传材料的生产经营许可证应当向省级人民政府畜牧兽医行政主管部门提出申请。受理申请的畜牧兽医行政主管部门应当自收到申请之日起30个工作日内完成审核，并报国务院畜牧兽医行政主管部门审批；国务院畜牧兽医行政主管部门应当自收到申请之日起60个工作日内依法决定是否发给生产经营许可证。

3. 内容要求

其他种畜禽的生产经营许可证由县级以上地方人民政府畜牧兽医行政主管部门审核发放，具体审核发放办法由省级人民政府规定。

种畜禽生产经营许可证样式由国务院畜牧兽医行政主管部门制定，许可证有效期为三年。发放种畜禽生产经营许可证可以收取工本费，具体收费管理办法由国务院财政、价格部门制定。

种畜禽生产经营许可证的内容应当注明生产经营者名称、场（厂）址、生产经营范围及许可证有效期的起止日期等。禁止任何单位、个人无种畜禽生产经营许可证或者违反种畜禽生产经营许可证的规定生产经营种畜禽。禁止伪造、变造、转让、租借种畜禽生产经营许可证。农户饲养的种畜禽用于自繁自养和有少量剩余仔畜、雏禽出售的，农户饲养种公畜进行互助配种的，不需要办理种畜禽生产经营许可证。专门从事家畜人工授精、胚胎移植等繁殖工作的人员，应当取得相应的国家职业资格证书。

农户饲养的种畜禽用于自繁自养和有少量剩余仔畜、雏禽出售的，农户饲养种公畜进行互助配种的，不需要办理种畜禽生产经营许可证。专门从事家畜人工授精、胚胎移植等繁殖工作的人员，应当取得相应的国家职业资格证书。发布种畜禽广告的，广告主应当提供种畜禽生产经营许可证和营业执照。广告内容应当符合有关法律、行政法规的规定，并注明种畜禽品种、配套系的审定或者鉴定名称；对主要性状的描述应当符合该品种、配套系的标准。

（五）畜禽养殖

县级以上人民政府畜牧兽医行政主管部门应当根据畜牧业发展规划和市场需求，引导和支持畜牧业结构调整，发展优势畜禽生产，提高畜禽产品市场竞争力。国家支持草原牧区开展草原围栏、草原水利、草原改良、饲草饲料基地等草原基本建设，优化畜群结构，改良牲畜品种，转变生产方式，发展舍饲圈养、划区轮牧，逐步实现畜草平衡，改善草原生态环境。国务院和省级人民政府应当在其财政预算内安排支持畜牧业发展的良种补贴、贴息补助等资金，并鼓励有关金融机构通过提供贷款、保险服务等形式，支持畜禽养殖者购买优良畜禽、繁育良种、改善生产设施、扩大养殖规模，提高养殖效益。

1. 畜禽养殖场、养殖小区

畜禽养殖场应当为其饲养的畜禽提供适当的繁殖条件和

生存、生长环境。从事畜禽养殖，应当依照《中华人民共和国动物防疫法》的规定，做好畜禽疫病的防治工作。省级人民政府根据本行政区域畜牧业发展状况制定畜禽养殖场、养殖小区的规模标准和备案程序。养殖场、养殖小区兴办者应当将养殖场、养殖小区的名称、养殖地址、畜禽品种和养殖规模，向养殖场、养殖小区所在地县级人民政府畜牧兽医行政主管部门备案，取得畜禽标识代码。

（1）畜禽养殖场、养殖小区应当具备的条件

①有与其饲养规模相适应的生产场所和配套的生产设施；②有为其服务的畜牧兽医技术人员；③具备法律、行政法规和国务院畜牧兽医行政主管部门规定的防疫条件；④有对畜禽粪便、废水和其他固体废弃物进行综合利用的沼气池等设施或者其他无害化处理设施；⑥具备法律、行政法规规定的其他条件。

（2）禁止在建设畜禽养殖场、养殖小区的区域

①生活饮用水的水源保护区，风景名胜区，以及自然保护区的核心区和缓冲区；②城镇居民区、文化教育科学研究区等人口集中区域；③法律、法规规定的其他禁养区域。

2. 养殖档案

畜禽养殖场应当建立养殖档案，载明以下内容：①畜禽的品种、数量、繁殖记录、标识情况、来源和进出场日期；②饲料、饲料添加剂、兽药等投入品的来源、名称、使用对象、时间和用量；③检疫、免疫、消毒情况；④畜禽发病、死亡和无害化处理情况；⑤国务院畜牧兽医行政主管部门规定的其他内容。

（六）禁止性规定

禁止性规定包括：①违反法律、行政法规的规定和国家技术规范的强制性要求使用饲料、饲料添加剂、兽药；②使用未经高温处理的餐馆、食堂的泔水饲喂家畜；③在垃圾场或者使用垃圾场中的物质饲养畜禽；④法律、行政法规和国务院畜牧兽医行政主管部门规定的危害人和畜禽健康的其他行为。

（七）畜禽标识管理

畜禽养殖者应当按照国家关于畜禽标识管理的规定，在应当加施标识的畜禽的指定部位加施标识。畜牧兽医行政主管部门提供标识不得收费，所需费用列入省级人民政府财政预算。畜禽标识不得重复使用。

（八）废弃物排放

畜禽养殖场、养殖小区应当保证畜禽粪便、废水及其他固体废弃物综合利用或者无害化处理设施的正常运转，保证污染物达标排放，防止污染环境。畜禽养殖场、养殖小区违法排放畜禽粪便、废水及其他固体废弃物，造成环境污染危害的，应当排除危害，依法赔偿损失。国家支持畜禽养殖场、养殖小区建设畜禽粪便、废水及其他固体废弃物的综合利用设施。

（九）养蜂业

国家鼓励发展养蜂业，维护养蜂生产者的合法权益。有关部门应当积极宣传和推广蜜蜂授粉农艺措施。养蜂生产者在生产过程中，不得使用危害蜂产品质量安全的药品和容器，确保蜂产品质量。养蜂器具应当符合国家技术规范的强制性要求。养蜂生产者在转地放蜂时，当地公安、交通运输、畜牧兽医等有关部门应当为其提供必要的便利。养蜂生产者在国内转地放蜂，凭国务院畜牧兽医行政主管部门统一格式印制的检疫合格证明运输蜂群，在检疫合格证明有效期内不得重复检疫。

（十）畜禽交易与运输

1. 畜禽交易

县级以上人民政府应当促进开放统一、竞争有序的畜禽交易市场建设。县级以上人民政府畜牧兽医行政主管部门和其他有关主管部门应当组织搜集、整理、发布畜禽产销信息，为生产者提供信息服务。

县级以上地方人民政府根据农产品批发市场发展规划，对在畜禽集散地建立畜禽批发市场给予扶持。畜禽批发市场选址，应当符合法律、行政法规和国务院畜牧兽医行政主管部门规定的动物防疫条件，并距离种畜禽场和大型畜禽养殖场3km以外。进行交易的畜禽必须符合国家技术规范的强制性要求。国务院畜牧兽医行政主管部门规定应当加施标识而没有标识的畜禽，不得销售和收购。

2. 畜禽运输

运输畜禽，必须符合法律、行政法规和国务院畜牧兽医行政主管部门规定的动物防疫条件，采取措施保护畜禽安全，并为运输的畜禽提供必要的空间和饲喂饮水条件。有关部门对运输中的畜禽进行检查，应当有法律、行政法规的依据。

（十一）质量安全保障

县级以上人民政府应当组织畜牧兽医行政主管部门和其他有关主管部门，依照本法和有关法律、行政法规的规定，加强对畜禽饲养环境、种畜禽质量、饲料和兽药等投入品的使用以及畜禽交易与运输的监督管理。国务院畜牧兽医行政主管部门应当制定畜禽标识和养殖档案管理办法，采取措施落实畜禽产品质量责任追究制度。县级以上人民政府畜牧兽医行政主管部门应当制定畜禽质量安全监督检查计划，按计划开展监督抽查工作。省级以上人民政府畜牧兽医行政主管部门应当组织制定畜禽生产规范，指导畜禽的安全生产。

（十二）法律责任

参考《畜牧法》58 条 – 72 条的法律规定，责任人承担相应的法律责任。

八、中华人民共和国草原法

为了保护、建设和合理利用草原，改善生态环境，维护生物多样性，发展现代畜牧业，促进经济和社会的可持续发展，制定本法。在中华人民共和国领域内从事草原规划、保护、建设、利用和管理活动，适用《草原法》。

（一）草原的概念

本法所称草原，是指天然草原和人工草地。

（二）天然草原的概念

天然草原包括草地、草山和草坡，人工草地包括改良草地和退耕还草地，不包括城镇草地。

（三）草原保护的原则

国家对草原实行科学规划、全面保护、重点建设、合理利用的方针，促进草原的可持续利用和生态、经济、社会的协调发展。各级人民政府应当加强对草原保护、建设和利用的管理，将草原的保护、建设和利用纳入国民经济和社会发展计划。各级人民政府应当加强保护、建设和合理利用草原的宣传教育。任何单位和个人都有遵守草原法律法规、保护草原的义务，同时享有对违反草原法律法规、破坏草原的行为进行监督、检举和控告的权利。国家鼓励与支持开展草原保护、建设、利用和监测方面的科学研究，推广先进技术和先进成果，培养科学技术人才。国家对在草原管理、保护、建设、合理利用和科学研究等工作中做出显著成绩的单位和个人，给予奖励。

国务院草原行政主管部门主管全国草原监督管理工作。县级以上地方人民政府草原行政主管部门主管本行政区域内草原监督管理工作。乡（镇）人民政府应当加强对本行政区域内草原保护、建设和利用情况的监督检查，根据需要可以设专职或者兼职人员负责具体监督检查工作。

（四）草原的权属

草原属于国家所有，由法律规定属于集体所有的除外。国家所有的草原，由国务院代表国家行使所有权。任何单位或者个人不得侵占、买卖或者以其他形式非法转让草原。国家所有的草原，可以依法确定给全民所有制单位、集体经济组织等使用。使用草原的单位，应当履行保护、建设和合理利用草原的义务。

1. 草原使用权证

依法确定给全民所有制单位、集体经济组织等使用的国家所有的草原，由县级以上人民政府登记，核发使用权证，确认草原使用权。未确定使用权的国家所有的草原，由县级以上人民政府登记造册，并负责保护管理。集体所有的草原，由县级人民政府登记，核发所有权证，确认草原所有权。依法改变草原权属的，应当办理草原权属变更登记手续。依法登记的草原所有权和使用权受法律保护，任何单位或者个人不得侵犯。

2. 草原的承包经营

集体所有的草原或者依法确定给集体经济组织使用的国家所有的草原，可以由本集体经济组织内的家庭或者联户承包经营。在草原承包经营期内，不得对承包经营者使用的草原进行调整；个别确需适当调整的，必须经本集体经济组织成员的村（牧）民会议 2/3 以上成员或者 2/3 以上村（牧）民代表的同意，并报乡（镇）人民政府和县级人民政府草原行政主管部门批准。集体所有的草原或者依法确定给集体经济组织使用的国家所有的草原由本集体经济组织以外的单位或者个人承包经营的，必须经本集体经济组织成员的村（牧）民会议 2/3 以上成员或者 2/3 以上村（牧）民代表的同意，并报乡（镇）人民政府批准。

3. 承包经营草原的合同

承包经营草原，发包方和承包方应当签订书面合同。草原承包合同的内容应当包括双方的权利和义务、承包草原四至界限、面积和等级、承包期和起止日期、承包草原用途和违约责任等。承包期届满，原承包经营者在同等条件下享有优先承包权。承包经营草原的单位和个人，应当履行保护、建设和按照承包合同约定的用途合理利用草原的义务。

4. 草原承包经营权的转让

草原承包经营权受法律保护，可以按照自愿、有偿的原则依法转让。草原承包经营权转让的受让方必须具有从事畜牧业生产的能力，并应当履行保护、建设和按照承包合同约定的用途合理利用草原的义务。草原承包经营权转让应当经发包方同意。承包方与受让方在转让合同中约定的转让期限，不得超过原承包合同剩余的期限。

5. 草原所有权、使用权的争议处理

草原所有权、使用权的争议，由当事人协商解决；协商不成的，由有关人民政府处理。单位之间的争议，由县级以上人民政府处理；个人之间、个人与单位之间的争议，由乡（镇）人民政府或者县级以上人民政府处理。当事人对有关人民政府的处理决定不服的，可以依法向人民法院起诉。在草原权属争议解决前，任何一方不得改变草原利用现状，不得破坏草原和草原上的设施。

（五）草原的利用

草原承包经营者应当合理利用草原，不得超过草原行政主管部门核定的载畜量；草原承包经营者应当采取种植和储备饲草饲料、增加饲草饲料供应量、调剂处理牲畜、优化畜群结构、提高出栏率等措施，保持草畜平衡。草原载畜量标准和草畜平衡管理办法由国务院草原行政主管部门规定。牧区的草原承包经营者应当实行划区轮牧，合理配置畜群，均衡利用草原。

1. 牲畜圈养

国家提倡在农区、半农半牧区和有条件的牧区实行牲畜圈养。草原承包经营者应当按照饲养牲畜的种类和数量，调剂、储备饲草饲料，采用青贮和饲草饲料加工等新技术，逐步改变依赖天然草地放牧的生产方式。在草原禁牧、休牧、轮牧区，国家对实行舍饲圈养的给予粮食和资金补助，具体办法由国务院或者国务院授权的有关部门规定。

2. 合理利用割草场和野生草种

县级以上地方人民政府草原行政主管部门对割草场和野生草种基地应当规定合理的割草期、采种期以及留茬高度和采割强度，实行轮割轮采。

3. 临时调剂使用草原

遇到自然灾害等特殊情况，需要临时调剂使用草原的，按照自愿互利的原则，由双方协商解决；需要跨县临时调剂使用草原的，由有关县级人民政府或者共同的上级人民政府组织协商解决。

4. 草原征收征用制度

进行矿藏开采和工程建设，应当不占或者少占草原；确需征收、征用或者使用草原的，必须经省级以上人民政府草原行政主管部门审核同意后，依照有关土地管理的法律、行政法规办理建设用地审批手续。因建设征收、征用集体所有的草原的，应当依照《中华人民共和国土地管理法》的规定给予补偿；因建设使用国家所有的草原的，应当依照国务院有关规定对草原承包经营者给予补偿。因建设征收、征用或者使用草原的，应当交纳草原植被恢复费。草原植被恢复费专款专用，由草原行政主管部门按照规定用于恢复草原植被，任何单位和个人不得截留、挪用。草原植被恢复费的征收、使用和管理办法，由国务院价格主管部门和国务院财政部门会同国务院草原行政主管部门制定。

5. 临时占用草原制度

需要临时占用草原的，应当经县级以上地方人民政府草原行政主管部门审核同意。临时占用草原的期限不得超过二年，并不得在临时占用的草原上修建永久性建筑物、构筑物；占用期满，用地单位必须恢复草原植被并及时退还。在草原上修建直接为草原保护和畜牧业生产服务的工程设施，需要使用草原的，由县级以上人民政府草原行政主管部门批准；修筑其他工程，需要将草原转为非畜牧业生产用地的，必须依法办理建设用地审批手续。直接为草原保护和畜牧业生产服务的工程设施包括：①生产、贮存草种和饲草饲料的设施；②牲畜圈舍、配种点、剪毛点、药浴池、人畜饮水设施；③科研、试验、示范基地；④草原防火和灌溉设施。

（六）草原的保护

国家实行基本草原保护制度。下列草原应当划为基本草原，实施严格管理：①重要放牧场；②割草地；③用于畜牧业生产的人工草地、退耕还草地以及改良草地、草种基地；④对调节气候、涵养水源、保持水土、防风固沙具有特殊作用的草原；⑤作为国家重点保护野生动植物生存环境的草原；⑥草原科研、教学试验基地；⑦国务院规定应当划为基本草原的其他草原。

1. 以草定畜、草畜平衡制度

国家对草原实行以草定畜、草畜平衡制度。县级以上地方人民政府草原行政主管部门应当按照国务院草原行政主管部门制定的草原载畜量标准，结合当地实际情况，定期核定草原载畜量。各级人民政府应当采取有效措施，防止超载过牧。

2. 草原的禁限规定

国家支持依法实行退耕还草和禁牧、休牧。具体办法由国务院或者省、自治区、直辖市人民政府制定。对在国务院批准规划范围内实施退耕还草的农牧民，按照国家规定给予粮食、现金、草种费补助。退耕还草完成后，由县级以上人民政府草原行政主管部门核实登记，依法履行土地用途变更手续，发放草原权属证书。

(1) 禁止开垦的草原

对水土流失严重、有沙化趋势、需要改善生态环境的已垦草原，应当有计划、有步骤地退耕还草；已造成沙化、盐碱化、石漠化的，应当限期治理。对严重退化、沙化、盐碱化、石漠化的草原和生态脆弱区的草原，实行禁牧、休牧制度。禁止在荒漠、半荒漠和严重退化、沙化、盐碱化、石漠化、水土流失的草原以及生态脆弱区的草原上采挖植物和从事破坏草原植被的其他活动。

(2) 从事采土、采砂、采石等作业活动

应当报县级人民政府草原行政主管部门批准；开采矿产资源的，并应当依法办理有关手续。经批准在草原上从事本条采土、采砂、采石活动的，应当在规定的时间、区域内，按照准许的采挖方式作业，并采取保护草原植被的措施。在他人使用的草原上从事本条采土、采砂、采石活动的，还应当事先征得草原使用者的同意。

（3）种植牧草或者饲料作物

应当符合草原保护、建设、利用规划；县级以上地方人民政府草原行政主管部门应当加强监督管理，防止草原沙化和水土流失。

（4）开展经营性旅游活动

应当符合有关草原保护、建设、利用规划，并事先征得县级以上地方人民政府草原行政主管部门的同意，方可办理有关手续。在草原上开展经营性旅游活动，不得侵犯草原所有者、使用者和承包经营者的合法权益，不得破坏草原植被。

（5）草原防火工作贯彻预防为主、防消结合的方针

各级人民政府应当建立草原防火责任制，规定草原防火期，制定草原防火扑火预案，切实做好草原火灾的预防和扑救工作。

（6）病虫害防治与管理

县级以上地方人民政府应当做好草原鼠害、病虫害和毒害草防治的组织管理工作。县级以上地方人民政府草原行政主管部门应当采取措施，加强草原鼠害、病虫害和毒害草监测预警、调查以及防治工作，组织研究和推广综合防治的办法。禁止在草原上使用剧毒、高残留以及可能导致二次中毒

的农药。

(7) 草原交通管理

除抢险救灾和牧民搬迁的机动车辆外，禁止机动车辆离开道路在草原上行驶，破坏草原植被；因从事地质勘探、科学考察等活动确需离开道路在草原上行驶的，应当事先向所在地县级人民政府草原行政主管部门报告行驶区域和行驶路线，并按照报告的行驶区域和行驶路线在草原上行驶。

（七）草原的监督

国务院草原行政主管部门和草原面积较大的省、自治区的县级以上地方人民政府草原行政主管部门设立草原监督管理机构，负责草原法律、法规执行情况的监督检查，对违反草原法律、法规的行为进行查处。国务院草原行政主管部门和省、自治区、直辖市人民政府草原行政主管部门，应当加强对草原监督检查人员的培训和考核。有关单位和个人对草原监督检查人员的监督检查工作应当给予支持、配合，不得拒绝或者阻碍草原监督检查人员依法执行职务。草原监督检查人员在履行监督检查职责时，应当向被检查单位和个人出示执法证件。对违反草原法律、法规的行为，应当依法作出行政处理，有关草原行政主管部门不作出行政处理决定的，上级草原行政主管部门有权责令有关草原行政主管部门作出行政处理决定或者直接作出行政处理决定。

草原监督检查人员履行监督检查职责时，有权采取措施如下：①要求被检查单位或者个人提供有关草原权属的文件和资料，进行查阅或者复制；②要求被检查单位或者个人对草原权属等问题作出说明；③进入违法现场进行拍照、摄像和勘测；④责令被检查单位或者个人停止违反草原法律、法规的行为，履行法定义务。草原行政主管部门工作人员及其他国家机关有关工作人员玩忽职守、滥用职权，不依法履行监督管理职责，或者发现违法行为不予查处，造成严重后果，构成犯罪的，依法追究刑事责任；尚不够刑事处罚的，依法给予行政处分。

（八）法律责任

参考第38条—第49条的法律规定，责任人承担相应的法律责任。

九、中华人民共和国渔业法

（1986年1月20日第六届全国人民代表大会常务委员会第十四次会议通过；根据2000年10月31日第九届全国人民代表大会常务委员会第十八次会议《关于修改〈中华人民共和国渔业法〉的决定》修正；根据2004年8月28日第十届全国人民代表大会常务委员会第十一次会议《关于修改〈中华人民共和国渔业法〉的决定》第二次修正；根据2009年8月27日第十一届全国人民代表大会常务委员会第十次会议《全国人民代表大会常务委员会关于修改部分法律的决定》修改第十四条；根据2013年12月28日第十二届全国人民代表大会常务委员会第六次会议《全国人民代表大会常务委员会关于修改〈中华人民共和国海洋环境保护法〉等七部法律的决定》修改第二十三条第二款）。

（一）渔业管理

江河、湖泊等水域的渔业，按照行政区划由有关县级以上人民政府渔业行政主管部门监督管理；跨行政区域的，由有关县级以上地方人民政府协商制定管理办法，或者由上一级人民政府渔业行政主管部门及其所属的渔政监督管理机构监督管理。外国人、外国渔业船舶进入中华人民共和国管辖水域，从事渔业生产或者渔业资源调查活动，必须经国务院有关主管部门批准，并遵守本法和中华人民共和国其他有关法律、法规的规定；同中华人民共和国订有条约、协定的，按照条约、协定办理。国家渔政渔港监督管理机构对外行使渔政渔港监督管理权。渔业行政主管部门和其所属的渔政监督管理机构及其工作人员不得参与和从事渔业生产经营活动。

（二）养殖业

国家鼓励全民所有制单位、集体所有制单位和个人充分利用适于养殖的水域、滩涂，发展养殖业。

1. 养殖证

国家对水域利用进行统一规划，确定可以用于养殖业的水域和滩涂。单位和个人使用国家规划确定用于养殖业的全民所有的水域、滩涂的，使用者应当向县级以上地方人民政府渔业行政主管部门提出申请，由本级人民政府核发养殖证，许可其使用该水域、滩涂从事养殖生产。核发养殖证的具体办法由国务院规定。

集体所有的或者全民所有由农业集体经济组织使用的水域、滩涂，可以由个人或者集体承包，从事养殖生产。县级以上地方人民政府在核发养殖证时，应当优先安排当地的渔业生产者。

2. 争议处理

当事人因使用国家规划确定用于养殖业的水域、滩涂从事养殖生产发生争议的，按照有关法律规定的程序处理。在争议解决以前，任何一方不得破坏养殖生产。

3. 征收

国家建设征收集体所有的水域、滩涂，按照《中华人民共和国土地管理法》有关征地的规定办理。

4. 水产品种保护

县级以上地方人民政府应当采取措施，加强对商品鱼生产基地和城市郊区重要养殖水域的保护。国家鼓励和支持水产优良品种的选育、培育和推广。水产新品种必须经全国水产原种和良种审定委员会审定，由国务院渔业行政主管部门批准后方可推广。水产苗种的进口、出口由国务院渔业行政主管部门或者省、自治区、直辖市人民政府渔业行政主管部门审批。水产苗种的生产由县级以上地方人民政府渔业行政主管部门审批。但是，渔业生产者自育、自用水产苗种的除外。水产苗种的进口、出口必须实施检疫，防止病害传入境内和传出境外，具体检疫工作按照有关动植物进出境检疫法律、行政法规的规定执行。引进转基因水产苗种必须进行安全性评价，具体管理工作按照国务院有关规定执行。

县级以上人民政府渔业行政主管部门应当加强对养殖生产的技术指导和病害防治工作。

从事养殖生产不得使用含有毒有害物质的饵料、饲料。

从事养殖生产应当保护水域生态环境，科学确定养殖密度，合理投饵、施肥、使用药物，不得造成水域的环境污染。

（三）捕捞业

国务院渔业行政主管部门和省、自治区、直辖市人民政府渔业行政主管部门应当加强对捕捞限额制度实施情况的监督检查，对超过上级下达的捕捞限额指标的，应当在其次年捕捞限额指标中予以核减。

1. 捕捞许可制度

国家对捕捞业实行捕捞许可制度。到中华人民共和国与有关国家缔结的协定确定的共同管理的渔区或者公海从事捕捞作业的捕捞许可证，由国务院渔业行政主管部门批准发放。海洋大型拖网、围网作业的捕捞许可证，由省、自治区、直辖市人民政府渔业行政主管部门批准发放。其他作业的捕捞许可证，由县级以上地方人民政府渔业行政主管部门批准发放；但是，批准发放海洋作业的捕捞许可证不得超过国家下达的船网工具控制指标，具体办法由省、自治区、直辖市人民政府规定。捕捞许可证不得买卖、出租和以其他形式转让，不得涂改、伪造、变造。到他国管辖海域从事捕捞作业的，应当经国务院渔业行政主管部门批准，并遵守中华人民共和国缔结的或者参加的有关条约、协定和有关国家的法律。

2. 捕捞许可证的发放条件

捕捞许可证的发放条件有：①有渔业船舶检验证书；②有渔业船舶登记证书；③符合国务院渔业行政主管部门规定的其他条件。

县级以上地方人民政府渔业行政主管部门批准发放的捕捞许可证，应当与上级人民政府渔业行政主管部门下达的捕捞限额指标相适应。

3. 捕捞证制度的约束性要求

从事捕捞作业的单位和个人，必须按照捕捞许可证关于作业类型、场所、时限、渔具数量和捕捞限额的规定进行作业，并遵守国家有关保护渔业资源的规定，大中型渔船应当填写渔捞日志。制造、更新改造、购置、进口的从事捕捞作业的船舶必须经渔业船舶检验部门检验合格后，方可下水作业。具体管理办法由国务院规定。

渔港建设应当遵守国家的统一规划，实行谁投资谁受益的原则。县级以上地方人民政府应当对位于本行政区域内的渔港加强监督管理，维护渔港的正常秩序。

（四）渔业资源的增殖和保护

县级以上人民政府渔业行政主管部门应当对其管理的渔业水域统一规划，采取措施，增殖渔业资源。县级以上人民政府渔业行政主管部门可以向受益的单位和个人征收渔业资源增殖保护费，专门用于增殖和保护渔业资源。渔业资源增殖保护费的征收办法由国务院渔业行政主管部门会同财政部门制定，报国务院批准后施行。国家保护水产种质资源及其生存环境，并在具有较高经济价值和遗传育种价值的水产种质资源的主要生长繁育区域建立水产种质资源保护区。未经国务院渔业行政主管部门批准，任何单位或者个人不得在水产种质资源保护区内从事捕捞活动。

1. 禁限措施

（1）禁止使用炸鱼、毒鱼、电鱼等破坏渔业资源的方法进行捕捞。禁止制造、销售、使用禁用的渔具。禁止在禁渔区、禁渔期进行捕捞。禁止使用小于最小网目尺寸的网具进行捕捞。捕捞的渔获物中幼鱼不得超过规定的比例。在禁渔区或者禁渔期内禁止销售非法捕捞的渔获物。

重点保护的渔业资源品种及其可捕捞标准，禁渔区和禁渔期，禁止使用或者限制使用的渔具和捕捞方法，最小网目尺寸以及其他保护渔业资源的措施，由国务院渔业行政主管部门或者省、自治区、直辖市人民政府渔业行政主管部门规定。

（2）禁止捕捞有重要经济价值的水生动物苗种。因养殖或者其他特殊需要，捕捞有重要经济价值的苗种或者禁捕的怀卵亲体的，必须经国务院渔业行政主管部门或者省、自治区、直辖市人民政府渔业行政主管部门批准，在指定的区域和时间内，按照限额捕捞。

（3）禁止围湖造田。沿海滩涂未经县级以上人民政府批准，不得围垦；重要的苗种基地和养殖场所不得围垦。

2. 保护措施

在水生动物苗种重点产区引水用水时，应当采取措施，保护苗种。在鱼、虾、蟹洄游通道建闸、筑坝，对渔业资源有严重影响的，建设单位应当建造过鱼设施或者采取其他补救措施。用于渔业并兼有调蓄、灌溉等功能的水体，有关主管部门应当确定渔业生产所需的最低水位线。进行水下爆破、勘探、施工作业，对渔业资源有严重影响的，作业单位应当事先同有关县级以上人民政府渔业行政主管部门协商，采取措施，防止或者减少对渔业资源的损害；造成渔业资源损失的，由有关县级以上人民政府责令赔偿。

各级人民政府应当采取措施，保护和改善渔业水域的生态环境，防治污染。渔业水域生态环境的监督管理和渔业污染事故的调查处理，依照《中华人民共和国海洋环境保护法》和《中华人民共和国水污染防治法》的有关规定执行。

国家对白鳍豚等珍贵、濒危水生野生动物实行重点保护，防止其灭绝。禁止捕杀、伤害国家重点保护的水生野生动物。因科学研究、驯养繁殖、展览或者其他特殊情况，需要捕捞国家重点保护的水生野生动物的，依照《中华人民共和国野生动物保护法》的规定执行。

（五）法律责任

参考第38条—第49条的法律规定，责任人承担相应的法律责任。

十、中华人民共和国动物防疫法

为了加强对动物防疫活动的管理，预防、控制和扑灭动物疫病，促进养殖业发展，保护人体健康，维护公共卫生安全，制定本法。本法适用于在中华人民共和国领域内的动物防疫及其监督管理活动。进出境动物、动物产品的检疫，适用《中华人民共和国进出境动植物检疫法》。

（一）动物防疫法概念概述

1. 动物的概念

是指家畜家禽和人工饲养、合法捕获的其他动物。

2. 动物产品的概念

是指动物的肉、生皮、原毛、绒、脏器、脂、血液、精液、卵、胚胎、骨、蹄、头、角、筋以及可能传播动物疫病的奶、蛋等。

3. 动物疫病的概念

是指动物传染病、寄生虫病。

4. 动物防疫的概念

是指动物疫病的预防、控制、扑灭和动物、动物产品的检疫。

5. 无规定动物疫病区的概念

是指具有天然屏障或者采取人工措施，在一定期限内没有发生规定的一种或者几种动物疫病，并经验收合格的区域。

（二）动物疫病的分类（一、二类动物疫病病种见附件2）

1. 一类疫病。这是指对人与动物危害严重，需要采取紧急、严厉的强制预防、控制、扑灭等措施的；

2. 二类疫病。这是指可能造成重大经济损失，需要采取严格控制、扑灭等措施，防止扩散的；

3. 三类疫病。这是指常见多发、可能造成重大经济损失，需要控制和净化的。

以上三类动物疫病具体病种名录由国务院兽医主管部门制定并公布。

（三）基层监管工作的分配

县级以上人民政府应当加强对动物防疫工作的统一领导，

加强基层动物防疫队伍建设，建立健全动物防疫体系，制定并组织实施动物疫病防治规划。乡级人民政府、城市街道办事处应当组织群众协助做好本管辖区域内的动物疫病预防与控制工作。县级以上地方人民政府设立的动物卫生监督机构依照本法规定，负责动物、动物产品的检疫工作和其他有关动物防疫的监督管理执法工作。县级以上人民政府按照国务院的规定，根据统筹规划、合理布局、综合设置的原则建立动物疫病预防控制机构，承担动物疫病的监测、检测、诊断、流行病学调查、疫情报告以及其他预防、控制等技术工作。

（四）动物疫病的预防

1. 基层主管部门的职责

县级以上地方人民政府兽医主管部门组织实施动物疫病强制免疫计划。乡级人民政府、城市街道办事处应当组织本管辖区域内饲养动物的单位和个人做好强制免疫工作。

2. 饲养人的义务

饲养动物的单位和个人应当依法履行动物疫病强制免疫义务，按照兽医主管部门的要求做好强制免疫工作。从事动物饲养、屠宰、经营、隔离、运输以及动物产品生产、经营、加工、贮藏等活动的单位和个人，应当依照本法和国务院兽医主管部门的规定，做好免疫、消毒等动物疫病预防工作。

3. 免疫档案

经强制免疫的动物，应当按照国务院兽医主管部门的规定建立免疫档案，加施畜禽标识，实施可追溯管理。

4. 疫情监测

县级以上人民政府应当建立健全动物疫情监测网络，加强动物疫情监测。动物疫病预防控制机构应当按照国务院兽医主管部门的规定，对动物疫病的发生、流行等情况进行监测；从事动物饲养、屠宰、经营、隔离、运输以及动物产品生产、经营、加工、贮藏等活动的单位和个人不得拒绝或者阻碍。种用、乳用动物和宠物应当符合国务院兽医主管部门规定的健康标准。种用、乳用动物应当接受动物疫病预防控制机构的定期检测；检测不合格的，应当按照国务院兽医主管部门的规定予以处理。

5. 场所防疫条件要求

动物饲养场（养殖小区）和隔离场所，动物屠宰加工场所，以及动物和动物产品无害化处理场所，应当符合下列动物防疫条件：①场所的位置与居民生活区、生活饮用水源地、学校、医院等公共场所的距离符合国务院兽医主管部门规定的标准；②生产区封闭隔离，工程设计和工艺流程符合动物防疫要求；③有相应的污水、污物、病死动物、染疫动物产品的无害化处理设施设备和清洗消毒设施设备；④有为其服务的动物防疫技术人员；⑤有完善的动物防疫制度；⑥具备国务院兽医主管部门规定的其他动物防疫条件。

6. 动物防疫条件合格证

兴办动物饲养场（养殖小区）和隔离场所，动物屠宰加工场所，以及动物和动物产品无害化处理场所，应当向县级以上地方人民政府兽医主管部门提出申请，并附具相关材料。受理申请的兽医主管部门应当依照本法和《中华人民共和国行政许可法》的规定进行审查。经审查合格的，发给动物防疫条件合格证；不合格的，应当通知申请人并说明理由。需要办理工商登记的，申请人凭动物防疫条件合格证向工商行政管理部门申请办理登记注册手续。

动物防疫条件合格证应当载明申请人的名称、场（厂）址等事项。经营动物、动物产品的集贸市场应当具备国务院兽医主管部门规定的动物防疫条件，并接受动物卫生监督机构的监督检查。

动物、动物产品的运载工具、垫料、包装物、容器等应当符合国务院兽医主管部门规定的动物防疫要求。染疫动物及其排泄物、染疫动物产品，病死或者死因不明的动物尸体，运载工具中的动物排泄物以及垫料、包装物、容器等污染物，应当按照国务院兽医主管部门的规定处理，不得随意处置。患有人畜共患传染病的人员不得直接从事动物诊疗以及易感染动物的饲养、屠宰、经营、隔离、运输等活动。

7. 禁止屠宰、经营、运输和生产、经营、贮藏、运输的动物产品

①封锁疫区内与所发生动物疫病有关的；②疫区内易感染的；③依法应当检疫而未经检疫或者检疫不合格的；④染疫或者疑似染疫的；⑤病死或者死因不明的；⑥其他不符合国务院兽医主管部门有关动物防疫规定的。

（五）动物疫情的报告、认定

1. 报告

从事动物疫情监测、检验检疫、疫病研究与诊疗以及动物饲养、屠宰、经营、隔离、运输等活动的单位和个人，发

现动物染疫或者疑似染疫的，应当立即向当地兽医主管部门、动物卫生监督机构或者动物疫病预防控制机构报告，并采取隔离等控制措施，防止动物疫情扩散。其他单位和个人发现动物染疫或者疑似染疫的，应当及时报告。接到动物疫情报告的单位，应当及时采取必要的控制处理措施，并按照国家规定的程序上报。

2. 认定

动物疫情由县级以上人民政府兽医主管部门认定；其中重大动物疫情由省、自治区、直辖市人民政府兽医主管部门认定，必要时报国务院兽医主管部门认定。任何单位和个人不得瞒报、谎报、迟报、漏报动物疫情，不得授意他人瞒报、谎报、迟报动物疫情，不得阻碍他人报告动物疫情。

（六）动物疫病的控制和扑灭

1. 一类动物疫病

发生一类动物疫病时，应当采取下列控制和扑灭措施：①当地县级以上地方人民政府兽医主管部门应当立即派人到现场，划定疫点、疫区、受威胁区，调查疫源，及时报请本级人民政府对疫区实行封锁。疫区范围涉及两个以上行政区域的，由有关行政区域共同的上一级人民政府对疫区实行封锁，或者由各有关行政区域的上一级人民政府共同对疫区实行封锁。必要时，上级人民政府可以责成下级人民政府对疫区实行封锁。②县级以上地方人民政府应当立即组织有关部门和单位采取封锁、隔离、扑杀、销毁、消毒、无害化处理、紧急免疫接种等强制性措施，迅速扑灭疫病。③在封锁期间，禁止染疫、疑似染疫和易感染的动物、动物产品流出疫区，禁止非疫区的易感染动物进入疫区，并根据扑灭动物疫病的需要对出入疫区的人员、运输工具及有关物品采取消毒和其他限制性措施。

2. 二类动物疫病

发生二类动物疫病时，应当采取下列控制和扑灭措施：①当地县级以上地方人民政府兽医主管部门应当划定疫点、疫区、受威胁区。②县级以上地方人民政府根据需要组织有关部门和单位采取隔离、扑杀、销毁、消毒、无害化处理、紧急免疫接种、限制易感染的动物和动物产品及有关物品出入等控制、扑灭措施。

3. 三类动物疫病

发生三类动物疫病时，当地县级、乡级人民政府应当按照国务院兽医主管部门的规定组织防治和净化。

二、三类动物疫病呈暴发性流行时，按照一类动物疫病处理。为控制、扑灭动物疫病，动物卫生监督机构应当派人在当地依法设立的现有检查站执行监督检查任务；必要时，经省、自治区、直辖市人民政府批准，可以设立临时性的动物卫生监督检查站，执行监督检查任务。疫区内有关单位和个人，应当遵守县级以上人民政府及其兽医主管部门依法作出的有关控制、扑灭动物疫病的规定。任何单位和个人不得藏匿、转移、盗掘已被依法隔离、封存、处理的动物和动物产品。一、二、三类动物疫病突然发生，迅速传播，给养殖业生产安全造成严重威胁、危害，以及可能对公众身体健康与生命安全造成危害，构成重大动物疫情的，依照法律和国务院的规定采取应急处理措施。

（七）动物和动物产品的检疫

1. 动物产品的检疫

屠宰、出售或者运输动物以及出售或者运输动物产品前，货主应当按照国务院兽医主管部门的规定向当地动物卫生监督机构申报检疫。动物卫生监督机构接到检疫申报后，应当及时指派官方兽医对动物、动物产品实施现场检疫；检疫合格的，出具检疫证明、加施检疫标志。实施现场检疫的官方兽医应当在检疫证明、检疫标志上签字或者盖章，并对检疫结论负责。

2. 动物的检疫

屠宰、经营、运输以及参加展览、演出和比赛的动物，应当附有检疫证明；经营和运输的动物产品，应当附有检疫证明、检疫标志。对前款规定的动物、动物产品，动物卫生监督机构可以查验检疫证明、检疫标志，进行监督抽查，但不得重复检疫收费。

3. 动物及动物产品的运输要求

经铁路、公路、水路、航空运输动物和动物产品的，托运人托运时应当提供检疫证明；没有检疫证明的，承运人不得承运。运载工具在装载前和卸载后应当及时清洗、消毒。输入到无规定动物疫病区的动物、动物产品，货主应当按照国务院兽医主管部门的规定向无规定动物疫病区所在地动物卫生监督机构申报检疫，经检疫合格的，方可进入；检疫所需费用纳入无规定动物疫病区所在地地方人民政府财政预算。

跨省、自治区、直辖市引进乳用动物、种用动物及其精液、胚胎、种蛋的，应当向输入地省、自治区、直辖市动物卫生监督机构申请办理审批手续，并依照本法第四十二条的规定取得检疫证明。跨省、自治区、直辖市引进的乳用动物、种用动物到达输入地后，货主应当按照国务院兽医主管部门的规定对引进的乳用动物、种用动物进行隔离观察。

4. 野生动物的检疫

人工捕获的可能传播动物疫病的野生动物，应当报经捕获地动物卫生监督机构检疫，经检疫合格的，方可饲养、经营和运输。

（八）关于动物诊疗

1. 动物诊疗许可制度。动物诊疗活动，是指动物疫病的诊断、治疗和动物阉骟、绝育手术等经营性活动。设立从事动物诊疗活动，应当向县级以上兽医主管部门申请办理动物诊疗许可证。申请人应提交动物诊疗许可申请、法定代表人（负责人）身份证复印件、拟聘执业兽医资格证明等相关材料。

2. 执业兽医制度。执业兽医，是指具备兽医相关技能，依照国家相关规定取得兽医执业资格，从事动物诊疗和动物保健等活动的兽医技术人员。执业兽医资格申请必须经过兽医相关专业（兽医、微生物、水生动物）专科以上教育，取得相应学历，通过国家统一组织的全国执业兽医师资格考试，才能获得执业兽医资格。从事动物诊疗活动的，在取得农业部颁发的执业兽医资格证书后，必须经当地县级兽医主管部门注册后，方能开展动物诊疗相关活动。执业兽医的执业地点、执业范围变更后，必须重新向当地兽医主管部门申请执业注册。执业兽医有义务参加预防、控制和扑灭动物疫病活动。

3. 动物诊疗活动。动物诊疗活动必须遵守相应的技术操作规范，主要包括安全防护、消毒、检验操作、处方填写、处方与病历保存、手术、隔离、无害化处理等。在诊疗活动中，执业兽医不得使用不符合国家规定的兽药和兽医器械，如：假劣兽药、违禁兽药和假劣兽医器械等。乡村兽医服务人员在乡村从事动物疫病诊断、治疗和动物免疫、去势、接产、人工授精、动物保健等经营性活动。

（九）监督管理

动物卫生监督机构依照本法规定，对动物饲养、屠宰、经营、隔离、运输以及动物产品生产、经营、加工、贮藏、运输等活动中的动物防疫实施监督管理。

1. 动物卫生监督机构的权限

动物卫生监督机构执行监督检查任务，可以采取下列措施，有关单位和个人不得拒绝或者阻碍：①对动物、动物产品按照规定采样、留验、抽检；②对染疫或者疑似染疫的动物、动物产品及相关物品进行隔离、查封、扣押和处理；③对依法应当检疫而未经检疫的动物实施补检；④对依法应当检疫而未经检疫的动物产品，具备补检条件的实施补检，不具备补检条件的予以没收销毁；⑤查验检疫证明、检疫标志和畜禽标识；⑥进入有关场所调查取证，查阅、复制与动物防疫有关的资料。

动物卫生监督机构根据动物疫病预防、控制需要，经当地县级以上地方人民政府批准，可以在车站、港口、机场等相关场所派驻官方兽医。

2. 监督人员的工作要求

官方兽医执行动物防疫监督检查任务，应当出示行政执法证件，佩戴统一标志。动物卫生监督机构及其工作人员不得从事与动物防疫有关的经营性活动，进行监督检查不得收取任何费用。禁止转让、伪造或者变造检疫证明、检疫标志或者畜禽标识。

（十）保障措施

1. 政府措施

县级以上人民政府应当将动物防疫纳入本级国民经济和社会发展规划及年度计划。县级人民政府和乡级人民政府应当采取有效措施，加强村级防疫员队伍建设县级人民政府兽医主管部门可以根据动物防疫工作需要，向乡、镇或者特定区域派驻兽医机构。县级以上人民政府按照本级政府职责，将动物疫病预防、控制、扑灭、检疫和监督管理所需经费纳入本级财政预算。县级以上人民政府应当储备动物疫情应急处理工作所需的防疫物资。

2. 利益补偿措施

对在动物疫病预防和控制、扑灭过程中强制扑杀的动物、销毁的动物产品和相关物品，县级以上人民政府应当给予补偿。具体补偿标准和办法由国务院财政部门会同有关部门制定。因依法实施强制免疫造成动物应激死亡的，给予补偿。具体补偿标准和办法由国务院财政部门会同有关部门制定。

3. 人员保护措施

对从事动物疫病预防、检疫、监督检查、现场处理疫情以及在工作中接触动物疫病病原体的人员，有关单位应当按照国家规定采取有效的卫生防护措施和医疗保健措施。

（十一）法律责任

1. 行政人责任

参考第 68 条 – 第 71 条的法律规定，责任人承担相应的法律责任。

十一、中华人民共和国种子法

为了保护和合理利用种质资源，规范品种选育和种子生产、经营、使用行为，维护品种选育者和种子生产者、经营者、使用者的合法权益，提高种子质量水平，推动种子产业化，促进种植业和林业的发展，中华人民共和国第九届全国人民代表大会常务委员会第 16 次会议于 2000 年 7 月 8 日通过了《中华人民共和国种子法》（以下简称种子法），并于 2000 年 12 月 1 日起正式施行。

（一）种子法概述

1. 种子与种子法的概念

种子是农业生产的基本生产资料，是指农作物和林木的种植材料或者繁殖材料，包括籽粒、果实和根、茎、苗、芽、叶等。种子法是规定农业、林业行政主管部门对种子的选育、生产、经营、使用等活动进行控制、调节、检查、监督，以确保种子质量，维护种子选育者、生产者、经营者、使用者的合法权益，促进农业生产发展的法律制度。

2. 立法意义

《种子法》的颁布，有效地保护了种质资源，提高了种子质量水平，推动了种子产业化，促进了种植业与林业的发展，大大维护了种子生产者、经营者、使用者的合法权益，具有重大的意义。

3. 《种子法》的立法原则

《种子法》坚持从我国种子发展的实际情况出发，同时借鉴了国外种子立法的成功经验。立法中体现了以下原则：①正确处理好选育、生产、经营、使用等各方面的关系，该规范的要规范，该保护的要保护，防止片面强调部门利益和局部利益。②适应社会主义市场经济和实现现代化的要求，以市场为导向，加强管理，稳步推进种子市场化、商品化、产业化进程。③增强法律的针对性和可操作性，注重解决好实际中存在的突出问题，充分发挥法律的宏观调控作用。

（二）种质资源保护

《种子法》第8条规定：“国家依法保护种质资源，任何单位和个人不得侵占和破坏种质资源。”种质资源是指选育品质的基础材料，包括各种植物的栽培种、野生种的繁殖材料以及利用上述繁殖材料人工创造的各种植物的遗传材料。种质资源是国家的重要资源，是选育植物新品种的基础材料，保护和利用好种质资源事关国家利益和种子发展水平，鉴于目前有些种质资源遭受破坏和流失国外的情况，种子法规定：①禁止采集或者采伐国家重点保护的天然种质资源。因科研等特殊情况需要采集或者采伐的，应当经国务院或者省、自治区、直辖市人民政府的农业、林业行政主管部门批准；②国家有计划地收集、整理、鉴定、登记、保存、交流和利用种质资源，定期公布可供利用的种质资源目录。具体办法由国务院农业、林业行政主管部门规定；③国务院农业、林业行政主管部门应当建立国家种质资源库，省、自治区、直辖市人民政府农业、林业行政主管部门可以根据需要建立种质资源库、种质资源保护区或者种质资源保护地；④国家对种质资源享有主权，任何单位和个人向境外提供种质资源的，应当经国务院农业、林业行政主管部门批准。从境外引进种质资源的，依照国务院农业、林业行政主管部门的有关规定办理。

（三）品种审定制度

品种审定的主要作用是通过区域试验等方式，测定品种的新颖性、特殊性和稳定性，确认其种植价值，防止不合格的品种进入市场，防止种子乱引滥繁，避免给农业、林业生产造成损失。

1. 审定

《种子法》规定，主要农作物品种和主要林木品种在推广应用前应当通过国家级或者省级审定，申请者可以直接申请省级审定或者国家级审定，由省、自治区、直辖市人民政府农业、林业行政主管部门确定的主要农作物品种和主要林木品种实行省级审定。主要农作物品种和主要林木品种的审定办法应当体现公正、公开、科学、效率的原则，由国务院农业、林业行政主管部门规定。国务院和省、自治区、直辖市人民政府的农业、林业行政主管部门分别设立由专业人员组成的农作物品种和林木品种审定委员会，承担主要农作物品种和主要林木品种的审定工作。在具有生态多样性的地区，省、自治区、直辖市人民政府农业、林业行政主管部门可以委托设区的市、自治州承担适宜于在特定生态区域内推广应用的主要农作物品种和主要林木品种的审定工作。

2. 推广

通过国家级审定的主要农作物品种和主要林木良种由国务院农业、林业行政主管部门公告，可以在全国适宜的生态区域推广。通过省级审定的主要农作物品种和主要林木良种由省、自治区、直辖市人民政府农业、林业行政主管部门公告，可以在本行政区域内适宜的生态区域推广。相邻省、自治区、直辖市属于同一适宜生态区的地域，经所在省、自治区、直辖市人民政府农业、林业行政主管部门同意后可以引种。

应当审定的农作物品种未经审定通过的，不得发布广告，不得经营、推广。应当审定的林木品种未经审定通过的，不得作为良种经营、推广，但生产确需使用的，应当经省级以上人民政府林业行政主管部门审核，报同级林木品种审定委员会认定。审定未通过的农作物品种和林木品种，申请人有异议的，可以向原审定委员会或者上一级审定委员会申请复审。在中国没有经常居所或者营业场所的外国人、外国企业或者外国其他组织在中国申请品种审定的，应当委托具有法人资格的中国种子科研、生产、经营机构代理。

应当指出的是，近年来，随着生物技术的发展，转基因植物品种已进入农业、林业生产领域。转基因植物品种虽在增强抗性、改善品质、提高产量等方面有优势，但也有不少人担心转基因产品可能对人体健康、环境保护造成危害，因此，《种子法》第14条规定："转基因植物品种的选育、试验、审定和推广应当进行安全性评价，并采取严格的安全控制措施。具体办法由国务院规定。"

（四）种子生产的法律制度

1. 种子生产的法律制度

《种子法》第20条规定："主要农作物和主要林木的商品种子生产实行许可制度。"目前，世界上许多国家对种子生产经营实行许可制度，对种子生产实行严格的监督检查。对商品种子生产经营实行许可制度，实质是确定种子市场的准入资格。

（1）申请种子生产许可证需要的条件

《种子法》第21条规定，申请领取种子生产许可证的单位和个人，应当具备下列条件：①具有繁殖种子的隔离和培育条件。②具有无检疫性虫害的种子生产地点或县级以上人民政府林业行政主管部门确定的采种林。③具有与种子生产相适应的资金和生产、检验设施；具有相应的专业种子生产和检验技术人员。④法律、法规规定的其他条件。申请领取具有植物新品种的种子生产许可证的，应当征得品种权人的书面同意。

（2）种子生产许可证的发放

主要农作物杂交种子及其亲本种子、常规种原种种子、主要林木良种的种子生产许可证，由生产所在地县级人民政府农业、林业行政主管部门审核，省、自治区、直辖市的人民政府农业、林业行政主管部门核发；其他种子的生产许可证，由生产所在地县级以上地方人民政府农业、林业行政主管部门核发。

此外，商品种子生产应当执行种子生产技术规程和种子检验、检疫规程。在林木种子生产基地内采集种子的，由种子生产基地的经营者组织进行，采集种子应当按照国家有关标准进行。禁止抢采掠青、损坏母树，禁止在劣质林内、劣质母树上采集种子。品种子生产者应当建立种子生产档案，载明生产地点、生产地块环境、前茬作物、亲本种子来源和质量、技术负责人、田间检验记录、产地气象记录、种子流向等内容。

2. 种子经营法律制度

种子经营者必须先取得种子经营许可证之后，方可凭种子经营许可证向工商管理机关申请办理或者变更营业执照，进行种子经营活动。

（1）申请种子经营许可证需要的条件

《种子法》第 29 条规定，申请领取种子经营许可证的单位和个人，应当具备下列条件：①具有与经营种子种类和数量相适应的资金及独立承担民事责任的能力。②具有能够正确识别所经营的种子、检验种子质量、掌握种子贮藏、保管技术的人员。③具有与经营种子的种类、数量相适应的营业场所及加工、包装、贮藏保管设施和检验种子质量的仪器设备。④法律、法规规定的其他条件。种子经营者专门经营不再分装的包装种子的，或者受具有种子经营许可证的种子经营者以书面委托代销其种子的，可以不办理种子经营许可证。种子经营者按照经营许可证规定的有效区域设立分支机构的，可以不再办理种子经营许可证，但应当在办理或者变更营业执照后十五日内，向当地农业、林业行政主管部门和原发证机关备案。

（2）种子经营许可证发放

种子经营许可证实行分级审批发放制度。种子经营许可证由种子经营者所在地县级以上人民政府农业、林业主管部门核发。主要农作物杂交种子及其亲本种子、常规种原种子、主要林木良种的种子经营许可证，由种子经营者所在地县级人民政府农业、林业行政主管部门审核，省、自治区、直辖市人民政府农业、林业行政主管部门核发。实行选育、生产、经营相结合并达到国务院农业、林业行政主管部门规定的注册资本金额的种子公司和从事种子进出口业务的公司的种子经营许可证，由省、自治区、直辖市人民政府农业、林业行政主管部门审核，国务院农业、林业行政主管部门核发。同时，种子经营许可证应当注明种子经营范围、经营方式及有效期限、有效区域等项目。禁止伪造、变造、买卖、租借种子经营许可证。禁止任何单位和个人无证或者未按照许可证的规定经营种子。种子经营许可证的有效区域由发证机关在其管辖范围内确定。种子经营者应当遵守有关法律、法规的规定，向种子使用者提供种子的简要性状、主要栽培措施、使用条件的说明与有关咨询服务，并对种子质量负责。任何单位和个人不得非法干预种子经营者的自主经营权。

此外，销售的种子应当加工、分级、包装。但是，不能加工、包装的除外。大包装或者进口种子可以分装。实行分装的，应当注明分装单位，并对种子质量负责。销售的种子应当附有标签。标签应当标注种子类别、品种名称、产地、质量指标、检疫证明编号、种子生产及经营许可证编号或者进口审批文号等事项。标签标注的内容应当与销售的种子相符。销售进口种子的，应当附有中文标签。销售转基因植物品种种子的，必须用明显的文字标注，并应当提示使用时的安全控制措施。种子广告的内容应当符合本法和有关广告的法律、法规的规定，主要性状描述应当与审定公告一致。调运或者邮寄出县的种子应当附有检疫证书。国家建立的林木种子生产基地生产的种子，由国家指定的单位有计划地统一组织收购和调剂使用，非指定单位不得在基地内组织收购。

（五）种子质量管理

1. 种子质量

种子质量是指种子达到国家或行业规定种用标准的程度。种子的生产、加工、包装、贮藏等质量管理办法和行业标准，由国务院农业、林业行政主管部门制定并负责对种子质量的监督。农业、林业主管部门可以委托种子质量检验机构对种子质量进行检验，该种子质量检验机构需经省级以上人民政府有关主管部门考核合格，方能承担种子质量检验的任务。

承担种子质量检验的机构应当具备相应的检测条件和能力，配备种子检验员。种子检验员应当具备以下条件：①具有相关专业中等专业技术学校毕业以上文化水平；②从事种子检验技术工作三年以上；③经省级以上人民政府农业、林业行政主管部门考核合格。

《种子法》第46条规定，国家禁止生产、经营假、劣种子。下列情况的种子为假种子：①以非种子冒充种子或者以此种品种种子冒充他种品种种子的；②种子种类、品种、产地与标签标注的内容不符的。下列种子为劣种子：①质量低于国家规定的种用标准的；②质量低于标签标注指标的；③因变质不能作种子使用的；④杂草种子的比率超过规定的；⑤带有国家规定检疫对象的有害生物的。

《种子法》还规定，由于不可抗力原因，为生产需要必须使用低于国家或者地方规定的种用标准的农作物种子的，应当经用种地县级以上地方人民政府批准。林木种子应当经用种地省、自治区、直辖市人民政府批准。从事品种选育和种子生产、经营以及管理的单位和个人应当遵守有关植物检疫法律、行政法规的规定，防止植物危险性病、虫、杂草及其他有害生物的传播和蔓延。禁止任何单位和个人在种子生产基地从事病虫害接种试验。

2. 种子行政管理

各级人民政府的农业、林业行政主管部门是种子行政执法机关。种子执法人员依法执行公务时应当出示行政执法证件。农业、林业行政主管部门为实施本法，可以进行现场检查。

农业、林业行政主管部门及其工作人员不得参与和从事种子生产、经营活动。种子生产经营机构不得参与和从事种子行政管理工作。种子的行政主管部门与生产经营机构在人员和财务上必须分开。

国务院农业、林业行政主管部门和异地繁育种子所在地的省、自治区、直辖市人民政府应当加强对异地繁育种子工作的管理和协调，交通运输部门应当优先保证种子的运输。

农业、林业行政主管部门在依照本法实施有关证照的核发工作中，除收取所发证照的工本费外，不得收取其他费用。

（六）法律责任

参考第59条—第73条的法律规定，责任人承担相应的法律责任。

第二节 行政法规与部门规章

一、农业转基因生物安全管理条例

《农业转基因生物安全管理条例》（以下简称《条例》）于2001年5月23日由国务院颁布实施（国务院令第304号）。《条例》立法目的旨在加强农业转基因生物安全管理，保障人体健康和动植物、微生物安全，保护生态环境，促进农业转基因生物技术研究；是在中华人民共和国境内从事农业转基因生物的研究、试验、生产、加工、经营和进口、出口活动，应遵守的具体行政法规。

（一）农业转基因生物安全概述

1. 农业转基因生物。指利用基因工程技术改变基因组构成，用于农业生产或者农产品加工的动植物、微生物及其产品，主要包括：①转基因动植物（含种子、种畜禽、水产苗种）和微生物；②转基因动植物、微生物产品；③转基因农产品的直接加工品；④含有转基因动植物、微生物或者其产品成分的种子、种畜禽、水产苗种、农药、兽药、肥料和添加剂等产品。

2. 农业转基因生物安全。指防范农业转基因生物对人类、动植物、微生物和生态环境构成的危险或者潜在风险。

（二）农业转基因生物安全管理其他法律依据

除《条例》外，农业部和国家质量监督检验检疫总局依据《条例》规定，先后制定了《农业转基因生物安全评价管理办法》、《农业转基因生物进口管理办法》、《农业转基因生物标识管理办法》、《农业转基因生物加工审批办法》、《进出境转基因产品检验检疫管理办法》5个配套规章，发布了第一批实施标识管理的农业转基因生物目录，建立了农业转基因生物研究、试验、生产、加工、经营、进口许可审批和标识管理制度。

与农业转基因生物安全管理相关的法律还有《中华人民共和国食品安全法》、《中华人民共和国农产品质量安全法》、《中华人民共和国种子法》和《中华人民共和国畜牧法》。《中华人民共和国食品安全法》第六十九条、第一百五十二条第一款第三项、第一百五十一条分别就“生产经营转基因食品的标示、生产经营转基因食品未按规定标示的处罚、转基因食品安全管理适用法律法规”进行了规定。《中华人民共和国农产品质量安全法》第三十条规定“属于农业转基因生物的农产品，应当按照农业转基因生物安全管理的有关规定进行标识”。《中华人民共和国种子法》第十四条、第三十五条第四款、第五十条第二款分别就“转基因植物品种的选育、试验、审定和推广的安全性评价和安全控制措施、销售转基因植物品种种子的文字标注和使用安全控制措施的提示、引进转基因植物品种的管理办法”进行了规定。《中华人民共和国畜牧法》第二十条规定“转基因畜禽品种的培育、试验、审定和推广，应当符合国家有关农业转基因生物管理的规定”。

（三）农业转基因生物安全管理体系和责任主体

1. 部际联席会议制度。根据《条例》规定，国务院建立农业转基因生物安全管理部际联席会议制度，部际联席会议由农业、卫生、食品药品监督管理、检验检疫、科技、环境保护、工商等 12 个部门负责人组成，负责研究、协调农业转基因生物安全管理工作中的重大问题。农业部设立了农业转基因生物安全管理办公室，负责全国农业转基因生物安全的日常协调管理。

2. 专家委员会和检测机构。根据《条例》规定，在部际联席会议成员单位推荐基础上，由农业部牵头组建了农业转基因生物安全委员会，负责农业转基因生物安全评价，为农业转基因生物安全管理提供技术咨询。农业转基因生物安全委员会每届任期三年，现为第四届，由从事农业转基因生物研究、生产、加工、检验检疫、卫生、环境保护等领域的64名专家组成。农业部在全国分区域组建了39个农业转基因生态环境和食用安全检测机构，聘请41位专家组成了全国农业转基因生物安全管理标准化技术委员会，已经发布了104项农业转基因生物安全标准。

3. 安全管理责任主体。农业转基因生物安全实行行政属地化分级管理。农业部负责全国农业转基因生物安全的监督管理工作。县级以上地方各级人民政府农业行政部门负责本行政区域内的农业转基因生物安全的监督管理工作。县级以上各级人民政府卫生行政、食品药品监督管理等部门依照《中华人民共和国食品安全法》的有关规定，负责转基因食品安全的监督管理工作。县级以上各级人民政府工商行政管理部门依照有关法律法规规定，负责农业转基因生物广告的监督管理。国家出入境检验检疫局或各地口岸出入境检验检疫机构，负责农业转基因生物及其产品的进出口或过境转移的监督管理。

（四）农业转基因生物安全申报和审批权限

农业转基因生物从研究到应用，需全过程接受安全监管，并按照《条例》等法律法规规定，进行安全申报、备案或审批后，方可进行。

1. 研究与实验。从事Ⅲ、Ⅳ级农业转基因生物研究的，应当在开始前由研究单位向农业部报告。从事农业转基因生物中间试验的，应由试验单位向农业部报告，并报省级农业行政部门备案。从事农业转基因生态环境释放和生产试验的，经省级农业行政部门审核同意后，由试验单位向农业部提出申请。从事农业转基因生物试验的单位在生产性试验后，可向农业部申请领取农业转基因生物安全证书。

2. 品种审定与生产经营及产品加工。对取得农业转基因生物安全证书的转基因作物或其他农业转基因生物，可依据相关法律法规，向省级或国家品种审定委员会申请品种审定。农业转基因生物生产许可和经营许可审批权限为农业部。农业转基因生物加工许可审批权限为省级农业行政部门。

3. 标识与广告。凡是列入农业转基因生物标志目录的农业转基因生物，应当进行标识，农业转基因生物标识审查权限为市、州农业行政部门。农业转基因生物广告的刊登、播放、设置和张贴，除遵循普通广告管理相关规定外，还应当经农业部审查批准。

（五）转基因作物商业化种植的安全管理流程

我国批准发放了耐贮藏番茄、抗虫棉花、改变花色矮牵牛、抗病辣椒、抗病番木瓜、抗虫水稻“华恢 1 号”及杂交种“Bt 汕优 63”、转植酸酶基因玉米“BVLA430101”共 7 种转基因植物生物安全证书，以及转基因大豆、玉米、棉花和油菜等作物进口安全证书。截至目前，主要农作物除棉花外，我国没有转基因粮食和油料作物通过品种审定。

转基因作物商业化应经过五个安全管理环节：安全评价（环境安全和食用安全评价）、品种审定、种子生产许可、种子经营许可和产品生产加工许可。对应五个环节，转基因作物产品上市应具备五个行政许可证书：农业转基因生物安全证书、品种审定证书、种子生产许可证、种子经营许可证和转基因生物加工许可证；转基因生物加工许可证由省级农业行政部门核发，品种审定证书由接受申请的省级或农业部品种审定委员会核发，其他许可证书由农业部核发。

（六）农业转基因生物安全监督检查

农业行政部门履行监督检查职责时，有权采取的措施包括：①询问被检查的研究、试验、生产、加工、经营或者进口、出口的单位和个人、利害关系人、证明人，并要求其提供与农业转基因生物安全有关的证明材料或者其他资料；②查阅或者复制农业转基因生物研究、试验、生产、加工、经营或者进口、出口的有关档案、账册和资料等；③要求有关单位和个人就有关农业转基因生物安全的问题作出说明；④责令违反农业转基因生物安全管理的单位和个人停止违法行为；⑤在紧急情况下，对非法研究、试验、生产、加工、经营或者进口、出口的农业转基因生物实施封存或者扣押。

农业行政主管部门工作人员在监督检查时，应当出示执法证件。有关单位和个人对农业行政主管部门的监督检查，应当予以支持、配合，不得拒绝、阻碍监督检查人员依法行政，最后由农业部调查核实后宣布禁止生产、加工、经营和进口，收回农业转基因生物安全证书，销毁有关存在危险的农业转基因生物。

（七）法律责任

违反农业转基因生物安全管理规定，应根据《条例》的有关规定，给予责任人相应处罚。

二、饲料和饲料添加剂管理条例

1999年5月29日，国务院以第266号令首次发布《饲料和饲料添加剂管理条例》，2001年11月29日，国务院发布第327号令作出第一次修订，2011年11月3日国务院发布第609号令作出第二次修订，2013年12月7日，国务院发布第645号令再次修订。目前，饲料行业管理初步形成了以《饲料和饲料添加剂管理条例》（以下简称条例）为主体，以农业部发布的《饲料和饲料添加剂生产许可管理办法》、《新饲料和新饲料添加剂管理办法》、《饲料添加剂和添加剂预混合饲料产品批准文号管理办法》、《饲料质量安全管理规范》、《进口饲料和饲料添加剂登记管理办法》等5个规章及一系列规范性文件为补充的比较完善的法制体系，为饲料行业持续健康发展提供了坚强有力的法制保障。

（一）概念与术语

1. 饲料

指经工业化加工、制作的供动物食用的产品，包括单一饲料、添加剂预混合饲料、浓缩饲料、配合饲料和精料补充料。

（1）单一饲料

指来源于一种动物、植物、微生物或者矿物质，用于饲料产品生产的饲料。

（2）添加剂预混合饲料

指由两种（类）或者两种（类）以上营养性饲料添加剂为主，与载体或者稀释剂按照一定比例配制的饲料，包括复合预混合饲料、微量元素预混合饲料、维生素预混合饲料。

（3）浓缩饲料

指主要由蛋白质、矿物质和饲料添加剂按照一定比例配制的饲料。

（4）配合饲料

指根据养殖动物营养需要，将多种饲料原料和饲料添加剂按照一定比例配制的饲料。

（5）精料补充料

指为补充草食动物的营养，将多种饲料原料和饲料添加剂按照一定比例配制的饲料。

2. 饲料添加剂

指在饲料加工、制作、使用过程中添加的少量或者微量物质，包括营养性饲料添加剂和一般饲料添加剂。

（1）营养性饲料添加剂

指为补充饲料营养成分而掺入饲料中的少量或者微量物质，包括饲料级氨基酸、维生素、矿物质微量元素、酶制剂、非蛋白氮等。

（2）一般饲料添加剂

指为保证或者改善饲料品质、提高饲料利用率而掺入饲料中的少量或者微量物质。

3. 其他

（1）饲料原料

指来源于动物、植物、微生物或者矿物质，用于加工制作饲料但不属于饲料添加剂的饲用物质。

（2）药物饲料添加剂

指为预防、治疗动物疾病而掺入载体或者稀释剂的兽药的预混合物质。

（3）许可证明文件

指新饲料、新饲料添加剂证书，饲料、饲料添加剂进口登记证，饲料、饲料添加剂生产许可证，饲料添加剂、添加剂预混合饲料产品批准文号。

（二）立法宗旨及责任主体

《条例》明确，其立法的宗旨主要有四个方面：一是加强对饲料和饲料添加剂的监督管理；二是提高饲料和饲料添加剂的质量；三是保障动物产品的质量安全；四是维护社会公众的身体健康。

《条例》同时明确了饲料和饲料添加剂相关的责任主体。县级以上地方人民政府负领导责任，统一领导本行政区域饲料、饲料添加剂的监督管理工作，建立健全监督管理机制，保障监督管理工作的开展；县级以上地方人民政府饲料管理部门负监管责任，负责本行政区域饲料、饲料添加剂的监督管理工作；饲料、饲料添加剂生产企业、经营者是质量安全的第一责任人，担负主体责任，必须建立健全质量安全制度，对其生产、经营的饲料、饲料添加剂的质量安全负责；社会组织和个人有举报违法行为、提出工作意见和建议的责任，任何组织或者个人有权举报在饲料、饲料添加剂生产、经营、使用过程中违反本条例的行为，有权对饲料、饲料添加剂监督管理工作提出意见和建议。

（三）主要的管理制度和要求

1. 生产环节

（1）生产许可制度。《条例》规定：设立饲料、饲料添加剂生产企业，应当符合饲料工业发展规划和产业政策，并具备下列条件：①有与生产饲料、饲料添加剂相适应的厂房、设备和仓储设施；②有与生产饲料、饲料添加剂相适应的专职技术人员；③有必要的产品质量检验机构、人员、设施和质量管理制度；④有符合国家规定的安全、卫生要求的生产环境；⑤有符合国家环境保护要求的污染防治措施；⑥国务院农业行政主管部门制定的饲料、饲料添加剂质量安全管理规范规定的其他条件。

申请设立饲料、饲料添加剂生产企业，申请人要向省级饲料管理部门提出申请。省饲料管理部门应当自受理申请之日起10个工作日内进行书面审查；审查合格的，组织进行现场审核，并根据审核结果在10个工作日内作出是否核发生产许可证的决定。生产许可证有效期为5年。生产许可证有效期满需要继续生产饲料、饲料添加剂的，应当在有效期届满6个月前申请续展。

（2）产品批准文号制度。《条例》规定：饲料添加剂、添加剂预混合饲料生产企业取得生产许可证后，由省级饲料管理部门按照国务院农业行政主管部门的规定，核发相应的产品批准文号。

（3）原料使用查验制度。《条例》规定：饲料、饲料添加剂生产企业应当按照国务院农业行政主管部门的规定和有关标准，对采购的饲料原料、单一饲料、饲料添加剂、药物饲料添加剂、添加剂预混合饲料和用于饲料添加剂生产的原料进行查验或者检验。

一是遵守目录制管理规定，即遵守国务院农业行政主管部门发布的《饲料添加剂品种目录》、《饲料原料目录》和《饲料药物添加剂使用规范》三大目录，目录之外的任何物质不得用于饲料生产；二是遵守限制性规定，即使用的原料应当遵守国务院农业行政主管部门制定的限制性规定；三是遵守禁用规定，即生产饲料不得使用禁止在饲料、动物饮用水中添加国务院农业行政主管部门公布禁用的物质以及对人体有直接或者潜在危害的其他物质。

（4）生产管理制度。一是原料采购记录制度。饲料、饲料添加剂生产企业应当如实记录采购的饲料原料、单一饲料、饲料添加剂、药物饲料添加剂、添加剂预混合饲料和用于饲料添加剂生产的原料的名称、产地、数量、保质期、许可证明文件编号、质量检验信息、生产企业名称或者供货者名称及其联系方式、进货日期等。记录保存期限不得少于 2 年。二是产品生产记录制度和留样观察制度。饲料、饲料添加剂生产企业，应当按照产品质量标准以及国务院农业行政主管部门制定的饲料、饲料添加剂质量安全管理规范和饲料添加剂安全使用规范组织生产，对生产过程实施有效控制并实行生产记录和产品留样观察制度。三是出厂检验制度。饲料、饲料添加剂生产企业应当对生产的饲料、饲料添加剂进行产品质量检验；检验合格的，应当附具产品质量检验合格证。

未经产品质量检验、检验不合格或者未附具产品质量检验合格证的，不得出厂销售。四是产品销售记录制度。饲料、饲料添加剂生产企业应当如实记录出厂销售的饲料、饲料添加剂的名称、数量、生产日期、生产批次、质量检验信息、购货者名称及其联系方式、销售日期等。记录保存期限不得少于2年。五是产品包装及标签管理制度。出厂销售的饲料、饲料添加剂应当包装，包装应当符合国家有关安全、卫生的规定。饲料生产企业直接销售给养殖者的饲料可以使用罐装车运输。罐装车应当符合国家有关安全、卫生的规定，并随罐装车附具符合条例规定的标签。易燃或者其他特殊的饲料、饲料添加剂的包装应当有警示标志或者说明，并注明储运注意事项。饲料、饲料添加剂的包装上应当附具标签。标签应当以中文或者适用符号标明产品名称、原料组成、产品成分分析保证值、净重或者净含量、贮存条件、使用说明、注意事项、生产日期、保质期、生产企业名称以及地址、许可证明文件编号和产品质量标准等。加入药物饲料添加剂的，还应当标明“加入药物饲料添加剂”字样，并标明其通用名称、含量和休药期。乳和乳制品以外的动物源性饲料，还应当标明“本产品不得饲喂反刍动物”字样。

（5）产品召回制度。《条例》规定：饲料、饲料添加剂生产企业发现其生产的饲料、饲料添加剂对养殖动物、人体健康有害或者存在其他安全隐患的，应当立即停止生产，通知经营者、使用者，向饲料管理部门报告，主动召回产品，并记录召回和通知情况。召回的产品应当在饲料管理部门监督下予以无害化处理或者销毁。生产企业不主动召回的，由县级以上地方人民政府饲料管理部门责令召回，并监督生产企业对召回的产品予以无害化处理或者销毁；情节严重的，没收违法所得，并处应召回的产品货值金额1倍以上3倍以下罚款，可以由发证机关吊销、撤销相关许可证明文件；生产企业对召回的产品不予以无害化处理或者销毁的，由县级人民政府饲料管理部门代为销毁，所需费用由生产企业承担。

2. 经营环节

（1）经营饲料须具备3个条件

①有与经营饲料、饲料添加剂相适应的经营场所和仓储设施；②有具备饲料、饲料添加剂使用、贮存等知识的技术人员；③有必要的产品质量管理和安全管理制度。

（2）经营饲料须履行3项义务

①查验义务。②饲料、饲料添加剂经营者进货时应当查验产品标签、产品质量检验合格证和相应的许可证明文件。③记录义务。饲料、饲料添加剂经营者应当建立产品购销台账，如实记录购销产品的名称、许可证明文件编号、规格、数量、保质期、生产企业名称或者供货者名称及其联系方式、购销时间等。购销台账保存期限不得少于2年。③召回义务。饲料、饲料添加剂经营者发现其销售的饲料、饲料添加剂有对养殖动物、人体健康有害或者存在其他安全隐患的，应当立即停止销售，通知生产企业、供货者和使用者，向饲料管理部门报告，并记录通知情况。

（3）经营饲料须遵守7大要求

遵守5个“禁止”要求。①禁止经营用国务院农业行政主管部门公布的饲料原料目录、饲料添加剂品种目录和药物饲料添加剂品种目录以外的任何物质生产的饲料。②禁止经营未取得新饲料、新饲料添加剂证书的新饲料、新饲料添加剂以及禁用的饲料、饲料添加剂。③禁止经营无产品标签、无生产许可证、无产品质量标准、无产品质量检验合格证的饲料、饲料添加剂。④禁止经营无产品批准文号的饲料添加剂、添加剂预混合饲料。⑤禁止经营未取得饲料、饲料添加剂进口登记证的进口饲料、进口饲料添加剂。

遵守2个“不得”要求。①饲料、饲料添加剂经营者不得对饲料、饲料添加剂进行拆包、分装。②饲料、饲料添加剂经营者不得对饲料、饲料添加剂进行再加工或者添加任何物质。

3. 使用环节

（1）规范养殖

①科学合理使用饲料。养殖者应当按照产品使用说明和注意事项使用饲料。

②自配饲料仅限自用。养殖者使用自行配制的饲料的，应当遵守国务院农业行政主管部门制定的自行配制饲料使用规范，并不得对外提供自行配制的饲料。

（2）安全养殖

①遵守添加剂安全使用规范。在饲料或者动物饮用水中添加饲料添加剂的，应当符合饲料添加剂使用说明和注意事项的要求，遵守国务院农业行政主管部门制定的饲料添加剂安全使用规范。

②遵守限制性使用管理规定。使用限制使用的物质养殖动物的，应当遵守国务院农业行政主管部门的限制性规定。

③遵守六条“禁止”性要求。

其一，禁止在饲料、动物饮用水中添加国务院农业行政主管部门公布禁用的物质以及对人体具有直接或者潜在危害的其他物质，或者直接使用上述物质养殖动物。

其二，禁止在反刍动物饲料中添加乳和乳制品以外的动物源性成分。

其三，禁止使用未取得新饲料、新饲料添加剂证书的新饲料、新饲料添加剂以及禁用的饲料、饲料添加剂。

其四，禁止使用无产品标签、无生产许可证、无产品质量标准、无产品质量检验合格证的饲料、饲料添加剂。

其五，禁止使用无产品批准文号的饲料添加剂、添加剂预混合饲料。

其六，禁止使用未取得饲料、饲料添加剂进口登记证的进口饲料、进口饲料添加剂。

④履行问题饲料召回义务。养殖者发现其使用的饲料、饲料添加剂有对养殖动物、人体健康有害或者存在其他安全隐患的，应当立即停止使用，通知供货者，并向饲料管理部门报告。

（四）法律责任

参考第35条－第48条规定，责任人承担相应法律责任。

三、中华人民共和国野生植物保护条例

为了保护、发展和合理利用野生植物资源，保护生物多样性，维护生态平衡，制定本条例。在中华人民共和国境内从事野生植物的保护、发展和利用活动，必须遵守本条例。药用野生植物和城市园林、自然保护区、风景名胜区内的野生植物的保护，同时适用有关法律、行政法规。

（一）野生植物的概念

是指原生地天然生长的珍贵植物和原生地天然生长并具有重要经济、科学研究、文化价值的濒危、稀有植物。

（二）监督管理

县级以上各级人民政府有关主管部门应当开展保护野生植物的宣传教育，普及野生植物知识，提高公民保护野生植物的意识。任何单位和个人都有保护野生植物资源的义务，对侵占或者破坏野生植物及其生长环境的行为有权检举和控告。国务院林业行政主管部门主管全国林区内野生植物和林区外珍贵野生树木的监督管理工作。国务院农业行政主管部门主管全国其他野生植物的监督管理工作。县级以上地方人民政府负责野生植物管理工作的部门及其职责，由省、自治区、直辖市人民政府根据当地具体情况规定。

（三）野生植物保护

国家保护野生植物及其生长环境。禁止任何单位和个人非法采集野生植物或者破坏其生长环境。野生植物分为国家重点保护野生植物和地方重点保护野生植物。国家重点保护野生植物分为国家一级保护野生植物和国家二级保护野生植物。

1. 重点保护野生植物名录

国家重点保护野生植物名录，由国务院林业行政主管部门、农业行政主管部门（以下简称国务院野生植物行政主管部门）商国务院环境保护、建设等有关部门制定，报国务院批准公布。地方重点保护野生植物，是指国家重点保护野生植物以外，由省、自治区、直辖市保护的野生植物。地方重点保护野生植物名录，由省、自治区、直辖市人民政府制定并公布，报国务院备案。

2. 自然保护区

在国家重点保护野生植物物种和地方重点保护野生植物物种的天然集中分布区域，应当依照有关法律、行政法规的规定，建立自然保护区；在其他区域，县级以上地方人民政府野生植物行政主管部门和其他有关部门可以根据实际情况建立国家重点保护野生植物和地方重点保护野生植物的保护点或者设立保护标志。禁止破坏国家重点保护野生植物和地方重点保护野生植物的保护点的保护设施和保护标志。

3. 监管机关职责

野生植物行政主管部门及其他有关部门应当监视、监测环境对国家重点保护野生植物生长和地方重点保护野生植物生长的影响，并采取措施，维护和改善国家重点保护野生植物和地方重点保护野生植物的生长条件。由于环境影响对国家重点保护野生植物和地方重点保护野生植物的生长造成危害时，野生植物行政主管部门应当会同其他有关部门调查并依法处理。野生植物行政主管部门和有关单位对生长受到威胁的国家重点保护野生植物和地方重点保护野生植物应当采取拯救措施，保护或者恢复其生长环境，必要时应当建立繁育基地、种质资源库或者采取迁地保护措施

4. 建设项目的环评制度

建设项目对国家重点保护野生植物和地方重点保护野生植物的生长环境产生不利影响的，建设单位提交的环境影响报告书中必须对此作出评价；环境保护部门在审批环境影响报告书时，应当征求野生植物行政主管部门的意见。

（四）野生植物管理

地方重点保护野生植物的管理办法，由省、自治区、直辖市人民政府制定。野生植物行政主管部门应当定期组织国家重点保护野生植物和地方重点保护野生植物资源调查，建立资源档案。

1. 采集

禁止采集国家一级保护野生植物。因科学研究、工人培育、文化交流等特殊需要，采集国家一级保护野生植物的，必须经采集地的省、自治区、直辖市人民政府野生植物行政主管部门签署意见后，向国务院野生植物行政主管部门或者其授权的机构申请采集证。采集国家二级保护野生植物的，必须经采集地的县级人民政府野生植物行政主管部门签署意见后，向省、自治区、直辖市人民政府野生植物行政主管部门或者其授权的机构申请采集证。采集城市园林或者风景名胜区内的国家一级或者二级保护野生植物的，须先征得城市园林或者风景名胜区管理机构同意，分别依照前两款的规定申请采集证。采集珍贵野生树木或者林区内、草原上的野生植物的，依照森林法、草原法的规定办理。野生植物行政主管部门发放采集证后，应当抄送环境保护部门备案。采集证的格式由国务院野生植物行政主管部门制定。采集国家重点保护野生植物的单位和个人，必须按照采集证规定的种类、数量、地点、期限和方法进行采集。

县级人民政府野生植物行政主管部门对在本行政区域内采集国家重点保护野生植物的活动，应当进行监督检查，并及时报告批准采集的野生植物行政主管部门或者其授权的机构。

2. 出售

禁止出售、收购国家一级保护野生植物。出售、收购国家二级保护野生植物的，必须经省、自治区、直辖市人民政府野生植物行政主管部门或者其授权的机构批准。野生植物行政主管部门应当对经营利用国家二级保护野生植物的活动进行监督检查。

3. 出口

出口国家重点保护野生植物或者进出口中国参加的国际公约所限制进出口的野生植物的，必须经进出口者所在地的省、自治区、直辖市人民政府野生植物行政主管部门审核，报国务院野生植物行政主管部门批准，并取得国家濒危物种进出口管理机构核发的允许进出口证明书或者标签。海关凭允许进出口证明书或者标签查验放行。国务院野生植物行政主管部门应当将有关野生植物进出口的资料抄送国务院环境保护部门。禁止出口未定名的或者新发现并有重要价值的野生植物。

4. 外国人

外国人不得在中国境内采集或者收购国家重点保护野生植物。外国人在中国境内对国家重点保护野生植物进行野外考察的，必须向国家重点保护野生植物所在地的省、自治区、直辖市人民政府野生植物行政主管部门提出申请，经其审核后，报国务院野生植物行政主管部门或者其授权的机构批准；直接向国务院野生植物行政主管部门提出申请的，国务院野生植物行政主管部门在批准前，应当征求有关省、自治区、直辖市人民政府野生植物行政主管部门的意见。

（五）法律责任

参考第23条－27条规定，责任人承担相应法律责任。

四、兽药管理条例

为加强兽药管理工作，保证兽药质量，防治动物疾病，促进养殖业的发展，维护人体健康，国务院于1987年正式颁布了《兽药管理条例》（以下简称《条例》）；2004年，因兽药行业的快速发展和市场经济的逐步完善过程中，考虑到颁布已有17年之久的《条例》中原有的一些规定已不能适应实践需要，在执行中遇到了不少新问题，国务院对《条例》做了全面修订，增加了包括兽药生产和经营质量管理、新兽药研制管理和安全监测、兽药处方药和非处方药分类管理、用药记录和休药期以及兽药不良反应报告制度等内容以规范兽药生产、经营和使用。于2004年4月9日发布，自2004年11月1日起施行。共计9章75条。

（一）名词概念

1. 兽药：是指用于预防、治疗、诊断动物疾病或者有目的地调节动物生理机能的物质（含药物饲料添加剂），主要包括血清制品、疫苗、诊断制品、微生态制品、中药材、中成药、化学药品、抗生素、生化药品、放射性药品及外用杀虫剂、消毒剂等。

2. 兽用处方药：是指凭兽医处方方可购买和使用的兽药。

3. 兽用非处方药：是指由国务院兽医行政管理部门公布的、不需要凭兽医处方就可以自行购买并按说明书使用的兽药。

4. 兽药生产企业：是指专门生产兽药的企业和兼产兽药的企业，包括从事兽药分装的企业。

5. 兽药经营企业：是指经营兽药的专营企业或者兼营企业。

6. 兽药生产质量管理规范（简称兽药 GMP）：是兽药生产的优良标准，是在兽药生产全过程中，用科学合理、规范化的条件和方法来保证生产优良兽药的整套科学管理的体系。

7. 兽药经营质量管理规范（简称兽药 GSP）：是在兽药流通过程中，针对兽药采购、储存、销售等环节制定的防治质量事故发生、保证兽药符合质量要求的一整套管理标准和规程。其核心是通过严格的管理制度来约束兽药经营企业的行为，对兽药经营的全过程进行质量监督，防治质量事故发生，保证向用户提供合格的兽药。

（二）关于兽药的生产

为了确保兽药生产质量，《条例》从以下几个方面规范了兽药生产管理制度：

1. 规定了发放兽药生产许可证的条件、权限、期限和程序（第十一条）。目前，按照《国务院关于取消和调整一批行政审批项目等事项的决定》（国发〔2015〕11号）要求，“兽药生产许可证核发”事项自2015年2月24日起下放至省级人民政府兽医行政主管部门。

2. 规定兽药生产企业应当按照国家兽药生产质量管理规范（兽药GMP）组织生产（第十四条第一款）；生产兽药应当取得产品批准文号，并按照兽药国家标准进行生产（第十五条、第十六条第一款）；生产兽药所需的原料、辅料和兽药的包装应当符合国家标准或者兽药质量要求（第十七条）；兽药出厂前应当经过质量检验合格（第十八条第一款）；每批兽用生物制品在出厂前由国务院兽医行政管理部门指定的检验机构审查核对，强制免疫所需兽用生物制品，由国务院兽医行政管理部门指定的企业生产（第十九条）。

3. 规定兽药包装应当按照规定印有或贴有标签，附具说明书（第二十条）。

（三）关于兽药的经营

为了加强对兽药经营的管理，《条例》从以下几个方面完善了兽药经营管理制度：

1. 规定兽药经营企业应当具备的条件和发放兽药经营许可证的权限、期限和程序（第二十二条）。

2. 规定兽药经营企业应当按照国家兽药经营质量管理规范（兽药GSP）开展经营活动（第二十五条第一款）。

3. 规定兽药经营企业应当将购进兽药产品与产品标签或

者说明书、产品质量合格证核对无误（第二十六条）。

4. 规定兽药经营企业应当遵守兽用处方药管理办法，并向购买者说明兽药的功能主治、用法、用量和注意事项（第二十七条第一款）。

5. 规定兽药经营企业应当建立兽药购销记录和兽药保管制度，保持所经营兽药的质量（第二十八条、第二十九条第一款）。

6. 规定强制免疫所需兽用生物制品的经营，应当符合国务院兽医行政管理部门的规定（第三十条）。

（四）关于兽药的使用

为了有效控制动物源性食品兽药残留超标，保障广大人民群众生命健康和食品安全，《条例》专门对兽药的使用作了如下规定：

1. 建立用药记录制度，规定兽药的使用单位应当遵守兽药安全使用规定并建立用药记录（第三十八条）。

2. 完善禁用兽药制度，禁止使用假、劣兽药以及国家规定的禁止使用的药品和其他化合物（第三十九条）。

3. 确立休药期制度，规定有休药期规定的兽药用于食用动物时，饲养者应当向购买者或者屠宰者提供准确、真实的用药记录，购买者或者屠宰者应当确保动物及其产品在用药期、休药期内不被用于食品消费（第四十条）。

（五）关于兽药的监管

为了加强对兽药生产、经营、使用等环节的监督管理，《条例》做了以下规定：

1. 规定由国务院兽医行政管理部门和省、自治区、直辖市人民政府兽医行政管理部门设立的兽药检验机构承担兽药检验工作，国务院兽医行政管理部门可以认定其他检验机构承担兽药检验工作（第四十四条第二款）。

2. 规定兽医行政管理部门依法进行监督检查时，对有证据证明可能是假、劣兽药的，应当采取查封、扣押的行政强制措施，并自采取行政强制措施之日起7个工作日内作出是否立案的决定；需要检验的，应当自检验报告发出之日起15个工作日内作出是否立案的决定；不符合立案条件的，应当解除行政强制措施；需要暂停生产、经营和使用的，由国务院兽医行政管理部门或者省、自治区、直辖市人民政府兽医行政管理部门按照权限作出决定（第四十六条第一款）。

3. 对什么是假、劣兽药等作了明确规定（第四十七条、第四十八条）。

4. 建立兽药不良反应报告制度，规定兽药生产企业、经营企业、兽药使用单位和开具处方的兽医人员发现可能与兽药使用有关的严重不良反应，应当立即向所在地人民政府兽医行政管理部门报告（第五十条）。

5. 规定各级兽医行政管理部门、兽药检验机构及其工作人员不得参与兽药生产、经营活动，不得推荐或者监制、监销兽药（第五十四条）。

（六）我省兽药生产和经营的基本现状

我省兽药生产企业从2001年就开始通过兽药GMP建设，企业的整体素质、质量管理体系、质量意识、厂房设备、人员素质都发生了飞跃变化，生产能力也大大增强、产品质量也得到大幅提高。截止 2015 年 6 月 1 日，我省已通过兽药 GMP 验收的兽药生产企业已有 114 家。2010 年，为规范兽药经营行为，农业部又发布并施行了《兽药经营质量管埋规范》（兽药 GSP 规范）。2011 年，我省全面实施兽药 GSP 制度，对兽药经营企业的经营场所与设施、机构及人员、规章制度、采购与入库、陈列与存储、销售与运输和售后服务等方面做出明确的规定，凡是未通过兽药 GSP 检查验收并未依法申领兽药经营许可证的兽药经营企业，禁止其从事兽药经营活动。目前我省已通过兽药 GSP 检查验收的兽药经营企业超过 6800 家。

五、草原防火条例

为了加强草原防火工作，积极预防和扑救草原火灾，保护草原，保障人民生命和财产安全，根据《中华人民共和国草原法》，制定本条例。本条例适用于中华人民共和国境内草原火灾的预防和扑救。但是，林区和城市市区的除外。草原防火工作实行预防为主、防消结合的方针。

（一）主管部门

国务院草原行政主管部门主管全国草原防火工作。县级以上地方人民政府确定的草原防火主管部门主管本行政区域内的草原防火工作。

县级以上人民政府其他有关部门在各自的职责范围内做好草原防火工作。县级以上人民政府应当加强草原防火工作的组织领导，将草原防火所需经费纳入本级财政预算，保障草原火灾预防和扑救工作的开展。草原防火工作实行地方各级人民政府行政首长负责制和部门、单位领导负责制。草原防火工作涉及两个以上行政区域或者涉及森林防火、城市消防的，有关地方人民政府及有关部门应当建立联防制度，确定联防区域，制定联防措施，加强信息沟通和监督检查。

（二）草原火灾的预防

县级以上地方人民政府草原防火主管部门根据全国草原防火规划，结合本地实际，编制本行政区域的草原防火规划，报本级人民政府批准后组织实施。

1. 草原规划的内容

草原规划的内容包括：①草原防火规划制定的依据；②草原防火组织体系建设；③草原防火基础设施和装备建设；④草原防火物资储备；⑤保障措施。

2. 县级以上人民政府应当组织有关部门和单位的预防职责

按照草原防火规划，加强草原火情瞭望和监测设施、防火隔离带、防火道路、防火物资储备库（站）等基础设施建设，配备草原防火交通工具、灭火器械、观察和通信器材等装备，储存必要的防火物资，建立和完善草原防火指挥信息系统。县级以上地方人民政府草原防火主管部门负责制订本行政区域的草原火灾应急预案，报本级人民政府批准后组织实施。

3. 草原火灾应急预案

草原火灾应急预案包括：①草原火灾应急组织机构及其职责；②草原火灾预警与预防机制；③草原火灾报告程序；④不同等级草原火灾的应急处置措施；⑤扑救草原火灾所需物资、资金和队伍的应急保障；⑥人员财产撤离、医疗救治、疾病控制等应急方案。

草原火灾根据受害草原面积、伤亡人数、受灾牲畜数量以及对城乡居民点、重要设施、名胜古迹、自然保护区的威胁程度等，分为特别重大、重大、较大、一般四个等级。具体划分标准由国务院草原行政主管部门制定。

4. 草原防火期

县级以上地方人民政府应当根据草原火灾发生规律，确定本行政区域的草原防火期，并向社会公布。省、自治区、直辖市人民政府可以根据本地的实际情况划定重点草原防火区，报国务院草原行政主管部门备案。重点草原防火区的县级以上地方人民政府和自然保护区管理单位，应当根据需要建立专业扑火队；有关乡（镇）、村应当建立群众扑火队。扑火队应当进行专业培训，并接受县级以上地方人民政府的指挥、调动。

（1）在草原防火期内，因生产活动需要在草原上野外用火的，应当经县级人民政府草原防火主管部门批准。用火单位或者个人应当采取防火措施，防止失火。在草原防火期内，因生活需要在草原上用火的，应当选择安全地点，采取防火措施，用火后彻底熄灭余火。

（2）在草原防火期内，禁止在草原上使用枪械狩猎。

在草原防火期内，在草原上进行爆破、勘察和施工等活动的，应当经县级以上地方人民政府草原防火主管部门批准，并采取防火措施，防止失火。在草原防火期内，部队在草原上进行实弹演习、处置突发性事件和执行其他任务，应当采取必要的防火措施。

(3) 在草原防火期内，在草原上作业或者行驶的机动车辆，应当安装防火装置，严防漏火、喷火和闸瓦脱落引起火灾。在草原上行驶的公共交通工具上的司机和乘务人员，应当对旅客进行草原防火宣传。司机、乘务人员和旅客不得丢弃火种。在草原防火期内，对草原上从事野外作业的机械设备，应当采取防火措施；作业人员应当遵守防火安全操作规程，防止失火。

(4) 在草原防火期内，经本级人民政府批准，草原防火主管部门应当对进入草原、存在火灾隐患的车辆以及可能引发草原火灾的野外作业活动进行草原防火安全检查。发现存在火灾隐患的，应当告知有关责任人员采取措施消除火灾隐患；拒不采取措施消除火灾隐患的，禁止进入草原或者在草原上从事野外作业活动。

(5) 在草原防火期内，出现高温、干旱、大风等高火险天气时，县级以上地方人民政府应当将极高草原火险区、高草原火险区以及一旦发生草原火灾可能造成人身重大伤亡或者财产重大损失的区域划为草原防火管制区，规定管制期限，及时向社会公布，并报上一级人民政府备案。在草原防火管制区内，禁止一切野外用火。对可能引起草原火灾的非野外用火，县级以上地方人民政府或者草原防火主管部门应当按照管制要求，严格管理。进入草原防火管制区的车辆，应当取得县级以上地方人民政府草原防火主管部门颁发的草原防火通行证，并服从防火管制。

5. 草原驻地单位草原防火的责任与义务

草原上的农（牧）场、工矿企业和其他生产经营单位，以及驻军单位、自然保护区管理单位和农村集体经济组织等，应当在县级以上地方人民政府的领导和草原防火主管部门的指导下，落实草原防火责任制，加强火源管理，消除火灾隐患，做好本单位的草原防火工作。

铁路、公路、电力和电信线路以及石油天然气管道等的经营单位，应当在其草原防火责任区内，落实防火措施，防止发生草原火灾。

承包经营草原的个人对其承包经营的草原，应当加强火源管理，消除火灾隐患，履行草原防火义务。

6. 草原火险预报预警制度

县级以上人民政府草原防火主管部门和气象主管机构，应当联合建立草原火险预报预警制度。气象主管机构应当根据草原防火的实际需要，做好草原火险气象等级预报和发布工作；新闻媒体应当及时播报草原火险气象等级预报。

（三）草原火灾的扑救

从事草原火情监测以及在草原上从事生产经营活动的单位和个人，发现草原火情的，应当采取必要措施，并及时向当地人民政府或者草原防火主管部门报告。其他发现草原火情的单位和个人，也应当及时向当地人民政府或者草原防火主管部门报告。当地人民政府或者草原防火主管部门接到报告后，应当立即组织人员赶赴现场，核实火情，采取控制和扑救措施，防止草原火灾扩大。

1. 草原火灾扑救期间的政府职责

当地人民政府或者草原防火主管部门应当及时将草原火灾发生时间、地点、估测过火面积、火情发展趋势等情况报上级人民政府及其草原防火主管部门；境外草原火灾威胁到我国草原安全的，还应当报告境外草原火灾距我国边境距离、沿边境蔓延长度以及对我国草原的威胁程度等情况。禁止瞒报、谎报或者授意他人瞒报、谎报草原火灾。县级以上地方人民政府应当根据草原火灾发生情况确定火灾等级，并及时启动草原火灾应急预案。草原火灾应急预案启动后，有关地方人民政府应当按照草原火灾应急预案的要求，立即组织、指挥草原火灾的扑救工作。扑救草原火灾应当首先保障人民群众的生命安全，有关地方人民政府应当及时动员受到草原火灾威胁的居民以及其他人员转移到安全地带，并予以妥善安置；情况紧急时，可以强行组织避灾疏散。

2. 草原火灾扑救的职能分工

县级以上人民政府有关部门应当按照草原火灾应急预案的分工，做好相应的草原火灾应急工作。气象主管机构应当做好气象监测和预报工作，及时向当地人民政府提供气象信息，并根据天气条件适时实施人工增雨。民政部门应当及时设置避难场所和救济物资供应点，开展受灾群众救助工作。卫生主管部门应当做好医疗救护、卫生防疫工作。铁路、交通、航空等部门应当优先运送救灾物资、设备、药物、食品。通信主管部门应当组织提供应急通信保障。公安部门应当及时查处草原火灾案件，做好社会治安维护工作。

3. 火灾扑救物资的征用

根据扑救草原火灾的需要，有关地方人民政府可以紧急征用物资、交通工具和相关的设施、设备；必要时，可以采取清除障碍物、建设隔离带、应急取水、局部交通管制等应急管理措施。因救灾需要，紧急征用单位和个人的物资、交通工具、设施、设备或者占用其房屋、土地的，事后应当及时返还，并依照有关法律规定给予补偿。

（四）灾后处置

1. 火灾现场查验

草原火灾扑灭后，有关地方人民政府草原防火主管部门或者其指定的单位应当对火灾现场进行全面检查，清除余火，并留有足够的人员看守火场。经草原防火主管部门检查验收合格，看守人员方可撤出。

2. 火灾地区的灾民处置

草原火灾扑灭后，有关地方人民政府应当组织有关部门及时做好灾民安置和救助工作，保障灾民的基本生活条件，做好卫生防疫工作，防止传染病的发生和传播。

3. 火灾地区的复种

草原火灾扑灭后，有关地方人民政府应当组织有关部门及时制定草原恢复计划，组织实施补播草籽和人工种草等技术措施，恢复草场植被，并做好畜禽检疫工作，防止动物疫病的发生。

4. 火灾责任的追责

草原火灾扑灭后，有关地方人民政府草原防火主管部门应当及时会同公安等有关部门，对火灾发生时间、地点、原因以及肇事人等进行调查并提出处理意见。

5. 火灾地区的利益补偿

草原防火主管部门应当对受灾草原面积、受灾畜禽种类和数量、受灾珍稀野生动植物种类和数量、人员伤亡以及物资消耗和其他经济损失等情况进行统计，对草原火灾给城乡居民生活、工农业生产、生态环境造成的影响进行评估，并按照国务院草原行政主管部门的规定上报。有关地方人民政府草原防火主管部门应当严格按照草原火灾统计报表的要求，进行草原火灾统计，向上一级人民政府草原防火主管部门报告，并抄送同级公安部门、统计机构。草原火灾统计报表由国务院草原行政主管部门会同国务院公安部门制定，报国家统计部门备案。对因参加草原火灾扑救受伤、致残或者死亡的人员，按照国家有关规定给予医疗、抚恤。

（五）相关法律责任

参考第42—第47条的规定，责任人承担相应的法律责任。

六、四川省《中华人民共和国动物防疫法》实施办法

《四川省〈中华人民共和国动物防疫法〉实施办法》已由四川省第十二届人民代表大会常务委员会第8次会议于2014年3月20日修订通过，自2014年6月1日起施行。修订后的《动物防疫法》明确了政府对动物防疫工作的领导和

保障职责，完善了动物防疫工作机制和保障机制，设立了官方兽医、职业兽医等新制度，并对检疫的具体实施主体、当事人不依法履行强制免疫义务的法律责任等内容作了新的规定。

（一）关于完善动物疫病防控体系

1. 进一步明确了各级政府、兽医主管部门和其他有关部门在动物防疫工作中的职责，完善了社区、村（居）民委员会以及村动物防疫员的动物防疫责任；明确水生动物及动物产品的防疫工作由渔业行政主管部门负责。

2. 进一步明确了单位和个人对动物疫病防疫的责任。种畜禽场、奶牛场应当按照规定开展动物疫病监测、净化工作；从事动物及动物产品生产、经营等活动的单位和个人，应当依法履行免疫、消毒、无害化处理等动物疫病预防、控制、扑灭义务，接受动物卫生监督机构的监督和动物疫病预防控制机构的监测从事动物屠宰、加工、隔离、中转、运输和动物产品加工、中转、运输、贮藏的单位和个人，应当验证检疫合格证明、验讫标志、畜禽标识，防止病害动物及动物产品流入消费环节。

（二）关于病死动物和病死动物产品无害化处理

病死动物和病死动物产品的无害化处理事关公共卫生和食品安全，实施办法重点明确了各级政府以及动物饲养场（养殖小区）、隔离场、屠宰加工等场所在无害化处理中的具体职责：规定县级以上人民政府应当组织建设无害化处理公共设施并给予补助；动物饲养场（养殖小区）、隔离场、屠宰加工等场所配备相应的动物及动物产品无害化处理设施设备，对其场所内病害动物及动物产品进行无害化处理。对于不具备无害化处理设施的单位和个人，也应当按照国家规定对其病害动物及动物产品进行无害化处理。对弃置的病害动物及动物产品，按照《四川省城乡环境综合治理条例》划分的责任区，由相关责任单位负责收集、清理，无害化处理运营单位进行收运、处理。

（三）关于动物收购贩运备案管理

实施办法规定：从事动物收购贩运的单位和个人应当在所在地县级动物卫生监督执法机构进行备案，同时遵守收购贩运相关规定，一是收购贩运动物附有检疫合格证明，二是运输动物前、后对运输工具进行消毒，三是建立收购贩运台账，真实记录动物品种、数量、来源、免疫、检疫合格证明编号、畜禽标识及运输、销售等信息。

（四）关于指定通道运输和跨省输入继续饲养动物的监管

跨省输入动物及动物产品，应当经指定通道进入，并向省人民政府批准设立的公路动物卫生监督检查站或者动物卫生监督机构按规定设立的检疫申报点申报检疫。公路动物卫生监督检查站或者检疫申报点应当对输入动物、动物产品的动物检疫合格证明、检疫标志等进行查验；符合规定的，货主对运输工具消毒后，加盖监督印章方可进入。跨省输入继续饲养的动物抵达目的地后，货主应当进行隔离饲养观察，并在24小时内报告当地乡镇畜牧兽医站。隔离饲养观察期满后，动物无异常的方可混群饲养。违反上述规定的，由动物卫生监督机构给予警告或者罚款处罚。

七、四川省植物检疫条例

国务院《植物检疫条例》（以下称条例）于 1983 年 1 月 3 日国务院发布，1992 年 5 月 13 日国务院第 98 号令修订发布施行。四川省为了防止为害植物的危险性病、虫、杂草传播蔓延，保护农业、林业生产安全，根据国务院《植物检疫条例》，结合四川实际制定了《四川省植物检疫条例》。

（一）主管部门

县级以上地方各级农业主管部门、林业主管部门所属的植物检疫机构，负责执行国家的植物检疫任务。省农业行政主管部门、林业行政主管部门按各自的职责主管全省植物检疫工作。县级以上农业行政主管部门、林业行政主管部门所属的植物检疫机构，负责执行植物检疫任务。

（二）植物检疫人员

各级植物检疫机构必须配备专职植物检疫员，并可根据工作需要在科研、教学、生产和其他有关单位聘请兼职植物检疫员，协助开展植物检疫工作。各级植物检疫机构应逐步建立健全植物检疫实验室或检验室，配备必要的检验、监测设备。县级以上地方各级农业主管部门、林业主管部门所属的植物检疫机构，负责执行国家的植物检疫任务。植物检疫人员进入车站、机场、港口、仓库以及其他有关场所执行植物检疫任务，应穿着检疫制服和佩带检疫标志。各级植物检疫机构在依照本条例规定执行检疫任务时可行使以下职权：①进入车站、机场、港口、码头、集贸市场、仓库等应施检疫的植物、植物产品的存放场所和生产基地，实施检疫检验和检疫监督，并依照规定采取样品；②查阅、复制、摘录与应施检疫的植物、植物产品有关的货运单、发票、检疫单证等；③询问与植物检疫有关的人员；④按国家有关规定收取植物检疫费。

（三）检疫范围

各级植物检疫机构，应对本地区的种子、苗木和其他繁殖材料的繁育单位和应施检疫的植物、植物产品的生产、经营单位进行植物检疫登记。植物检疫对象和应施检疫的植物、植物产品名单内的检疫分工，按国务院《植物检疫条例》的规定执行。

省农业行政主管部门、林业行政主管部门负责制定和发布本省补充的植物检疫对象和应施检疫的植物、植物产品名单，其补充名单内的植物、植物产品检疫分工由省人民政府决定。各级农业植物检疫机构、森林植物检疫机构应当按照法律法规规定的职责分工实施植物检疫，不得要求当事人重复检疫。

（四）植物检疫对象的划区、控制和消灭

1. 疫情的调查

各级植物检疫机构对本地区的植物检疫对象应每三至五年调查一次，重点对象一年调查一次，并根据调查结果编制检疫对象分布资料。植物检疫机构对于新发现的检疫对象和

其他危险性病、虫、杂草，必须及时查清情况，立即向当地人民政府和省农业行政主管部门、林业行政主管部门报告。当地人民政府应采取紧急防疫措施予以消灭。

2. 检疫对象的划区

局部地区发生植物检疫对象的，应划为疫区，并采取封锁、消灭措施，防止植物检疫对象传出。疫区内的种子、苗木及其他繁殖材料和应施检疫的植物、植物产品，限制在疫区内种植、使用，禁止运出疫区。发生地区已比较普遍的，则应将未发生地区划为保护区，防止植物检疫对象传入。省农业行政主管部门、林业行政主管部门可以根据疫情发生与蔓延情况，提出划定疫区和保护区方案，制定相应的封锁、控制、消灭或保护措施，报省人民政府批准，并报国务院农业主管部门、林业主管部门备案。疫区、保护区的改变和撤销的程序，与划定时同。

3. 检疫对象的控制

任何单位或个人对植物检疫对象的研究，均不得在检疫对象的非疫区进行。农林院校和试验研究单位因教学、科研确需在非疫区进行时，必须经国务院或省农业行政主管部门、林业行政主管部门批准，并采取严格的控制措施，防止疫情扩散。

4. 检疫对象的消灭

植物检疫对象的普查，重大疫情的控制和消灭由地方各级人民政府组织，其费用纳入财政安排。在发生疫情的地区，植物检疫机构可以派人参加当地的道路联合检查站或者木材检查站；发生重大疫情时，经省人民政府批准，可以设植物检疫检查站，开展植物检疫工作。

（五）产地检疫

1. 产地检疫合格证

各级植物检疫机构按国家有关规定，对种子、苗木和其他繁殖材料、应施检疫的植物、植物产品实施产地检疫，并签发产地检疫合格证。

2. 繁育基地

种子、苗木和其他繁殖材料的繁育单位或个人，必须有计划地建立无植物检疫对象的种苗繁育基地、母树林基地。新建繁育基地，在选址之前，应征求植物检疫机构的意见。植物检疫机构应帮助其选择符合检疫要求的地方建立繁育基地。

3. 制与消灭

已发生检疫对象的繁育基地，应当立即采取封锁、消灭措施。在检疫对象未消灭之前，所繁育的种子、苗木或者其他繁殖材料不得扩散。

4. 试验、示范与推广

试验、示范、推广的种子、苗木和其他繁殖材料，必须事先经当地植物检疫机构检疫，查明确实不带植物检疫对象的，发给植物检疫证书后，方可进行试验、示范和推广。

（六）调运检疫

从省外调入应施检疫的植物、植物产品，调入单位必须事先征得省植物检疫机构或其委托的植物检疫机构同意，并向调出单位提出检疫要求；调出单位必须根据该检疫要求向所在地的省级植物检疫机构或其委托的植物检疫机构申请检疫。从省内调出时，调出单位应当根据外省调入单位的检疫要求，向省植物检疫机构或其委托的植物检疫机构申请检疫。省内调运应施检疫的植物、植物产品，由县级以上植物检疫机构检疫。

1. 检疫范围

调运植物、植物产品，属于下列情况的必须实施检疫：①列入应施检疫的植物、植物产品名单的，运出发生疫情的县级行政区域之前，必须经过检疫。②凡种子、苗木和其他繁殖材料，不论是否列入应施检疫的植物、植物产品名单和运往何地，在调运之前，都必须经过检疫。

2. 植物检疫证书

凡调运应施检疫的植物，植物产品的单位或个人，在调运前都必须取得由植物检疫机构签发的植物检疫证书。

（1）植物检疫证书的签发

植物检疫机构应按下列不同情况签发植物检疫证书：①在无植物检疫对象发生地区调运植物、植物产品经核实确不带植物检疫对象的，签发植物检疫证书；②在零星发生植物检疫对象的地区调运种子、苗木等繁殖材料的，应凭产地检疫合格证签发植物检疫证书；③对产地植物检疫对象发生情况不清楚的植物、植物产品，必须按照《检疫技术规程》进行检疫，证明不带植物检疫对象后，签发植物检疫证书；发现有检疫对象时，必须严格进行除害处理，合格后签发植物检疫证书。

（2）植物检疫证书的格式与时效要求

①格式。植物检疫证书，由省植物检疫机构按国务院农业行政主管部门、林业行政主管部门制定的格式统一印制。②时效。植物检疫证书由专职植物检疫员签发，证书有效期不得超过 30 天。禁止伪造、涂改、买卖、转让植物检疫单证、印章、标志、封识。

3. 托运与邮寄植物、植物产品

对应施检疫的植物、植物产品，托运人应当凭植物检疫证书办理托运或者邮寄手续。无植物检疫证书或者货证不符的，铁路、航空、邮政、交通承运部门和其他从事运输的单位或个人不得运递，并应当及时通知植物检疫机构。

4. 调入与调运

各级植物检疫机构有权对调入的植物、植物产品进行查证。必要时可以复检。对调运的植物、植物产品，经检疫发现检疫对象的，植物检疫机构有权予以查封，并责令托运人或经管者进行除害处理，无法处理的，责令改变用途或销毁。

5. 进口

从国外引进种子、苗木及其他繁殖材料的单位或个人，应当事先向省植物检疫机构提出申请，办理检疫审批手续。货物入境时，必须持有省植物检疫机构批准文书和出口国检疫证，并符合中国的检疫要求。引种单位应将入境情况及时报告省植物检疫机构。

从国外引进的种子、苗木及其他繁殖材料入境后，引进单位或个人必须按省植物检疫机构的要求进行隔离试种。隔离试种期间，省植物检疫机构应会同当地植物检疫机构进行调查、观察和检疫，证明确实不带危险性病、虫、杂草的，方可分散种植。经检疫发现检疫对象和其他危险性病、虫、杂草的，必须按省植物检疫机构的意见处理。因此造成经济损失的，由引种单位或个人承担。

6. 托运人责任

对可能被检疫对象污染的包装材料、运载工具、场地、仓库等应实施检疫；已被污染的，托运人应按植物检疫机构的要求处理。因依法实施检疫需要的车船停留、货物搬运、开拆、取样、储存、消毒、销毁处理等费用，由托运人负责。

（七）法律责任

参考第34条—42条的规定，责任人承担相应的法律责任。

八、四川省农药管理条例

四川省农药管理条例于1999年8月14日四川省第九届人民代表大会常务委员会第十次会议通过，并根据2005年5月26日四川省第十届人民代表大会常务委员会第十五次会议《关于修改〈四川省农药管理条例〉的决定》进行了修正，该条例是结合了四川的实际情况而制定的，对农药事业的发展具有极为重要的意义。

（一）农药的概念和分类

农药是指用于预防、消灭或者控制危害农业、林业的病、虫、草和其他有害生物以及有目的地调节植物、昆虫生长的化学合成或者来源于生物、其他天然物质的一种物质或者几种物质的混合物及其制剂。

根据不同的标准可以作不同的分类：①根据化学结构可分为有机磷类、有机氯类、拟除虫菊酯类；②根据用途可分为杀虫剂、杀菌剂、杀螨剂、杀鼠剂、除草剂、特异剂和植物生长调节剂等；③根据来源可分为矿物农药、植物性农药、有机农药、微生物农药；④根据剂型可分为乳油、悬浮剂、水乳剂、可湿性粉剂、水分散粒剂等。

（二）农药登记制度

农药登记管理是我国重要的农药管理制度之一，是一种在农药进入市场前，由国家主管部门对其按法定程序和标准进行规定项目的审查，对符合要求的给予登记，批准其生产、流通和使用的市场准入制度。

1. 农药登记

生产农药以及含有农药有效成分的肥料、进口农药和分装农药，必须申请农药登记。农药登记申请，应向省农业行政主管部门提出。具体工作由省农业行政主管部门所属的农药检定机构办理。

2. 农药登记的种类

（1）新农药登记

即含有的有效成分尚未在我国批准登记的国内外农药原药和制剂登记。

（2）新制剂登记

新制剂登记是指含有的有效成分与已经登记的相同，而剂型、含量（配比）尚未在我国批准登记的制剂登记。

（3）新使用范围和使用方法登记

新使用范围和方法登记是指有效成分和制剂与已经登记过的相同，产品质量无任何变化，而使用范围和方法尚未在我国登记过。

（4）相同产品登记

是指申请登记的农药产品与已取得登记的产品在质量、有效成分含量或使用范围和使用方法等方面无明显差异或基本一致的登记。相同产品登记包括相同原药、相同制剂、相同使用范围和使用方法的登记。

（5）续展登记

主要指农药经临时登记或正式登记后，有效期届满但需要继续生产或销售而申请延长有效期的登记。其中临时登记满 4 年的，同一产品不能再续展。

（6）变更登记

主要指农药经临时登记或正式登记后，在有效期内改变其剂型、使用范围或使用方法而进行的登记。

（7）分装登记

一个农药生产企业在获得另一个农药生产企业授权特大包装产品改为小包装时，须到农药登记机关办理农药登记，此种登记称之分装登记。

（8）特殊需要临时登记

某些尚未登记甚至已被禁用或限用的农药，在遇紧急需要（如发生严重疫情或灾害等）时，经农业部与有关部门协商准许在一定范围、一定期限内使用或临时进口而进行的登记。

（三）农药登记的程序

1. 申请

申请农药登记的单位应向省农业行政主管部门所属的农药检定机构提交农药产品化学、毒理学、药效、残留、环境影响、标签等资料及农药样品。用于农药登记的药效试验和毒理学试验，必须由具有国家规定的有试验资格的单位进行。有试验资格的单位不得为本单位农药产品进行登记试验。

2. 审查

省农业行政主管部门所属的农药检定机构收到农药登记资料和农药样品后，应当及时进行审查，并在30日内书面通知申请人。

3. 农药标签

申请登记的农药产品，必须具有经省以上农业行政主管部门所属的农药检定机构审查批准的农药标签，其内容包括：①农药名称、商品名和通用名；②有效成分、含量、剂型和净重量或净容量；③农药登记证号；④农药生产许可证号（或生产批准文件号）、产品标准号，但进口的原装农药除外；⑤农药类别颜色标志条、毒性标志；⑥产品性能、使用说明和注意事项；⑦生产日期（批号）；分装农药必须同时标明分装日期（批号）；⑧质量保证期；⑨企业名称、地址、电话、邮政编码；分装农药必须同时注明生产、分装企业的名称。农药标签确实无法记载上款内容的，应当附具与标签具有同等效力的说明书，补充完善上款内容。经批准的农药标签需要变更的，应重新报批，禁止假冒、伪造或擅自更改农药标签。

（四）农药生产制度

1. 农药生产许可（批准）的范围

开办农药生产企业，必须经国家工业产品许可管理部门审核批准。其核准的范围包括：新开农药生产厂点、原有分装厂点进行制剂加工、新增原药生产、外商来华投资的农药项目。

2. 农药生产企业必须具备的条件

农药生产企业为了取得生产许可（批准）必须具备以下条件：①有与其生产的农药相适应的技术人员和技术工人；②有与其生产的农药相适应的厂房、生产设施和卫生环境；③有符合国家劳动安全、卫生标准的设施和相应的劳动安全、卫生管理制度；④有产品质量标准和产品质量保证体系；⑤所生产的农药是依法取得农药登记的农药；⑥有符合国家环境保护要求的污染防治设施和措施，并且污染物排放不超过国家和地方规定的排放标准。只有具备上述基本条件的农药企业，向国家工业产品许可管理部门申报核准后，方可依法向工商行政管理机关申请领取营业执照。

3. 办理农药生产核准所需文件和审批程序

需要提交纳文件包括省、自治区、直辖市工业产品许可管理部门审核同意的关于申请给予定点生产、加工、分装农药产品的申请报告；地、市级以上环境保护部门关于统一进行农药生产的批复文件；提供符合要求的项目建议书，采用的技术工艺路线，主要原材料来源，产品建设规模，销售去向，“三废”产生情况及处理方案，投资总额及资金来源，独资、合资期限，产品执行的标准文本等。

对上述文件完备的申报企业，由当地工业产品许可管理部门上报到省、自治区、直辖市工业产品许可管理部门初审，初审同意后转报国家工业产品许可管理部门审核，审核通过后办理核准批文。凡审查不合格的，取消农药生产资格。

（五）农药使用制度

农药作为防治病、虫、草害的有效物质，在保证农业高产中发挥着重要的作用，但如果使用不当，则有可能对人体和环境造成严重损害，因此，加强农药的使用管理以避免或减轻这种损害，具有极为重要的意义。

1. 农药应按照高毒、中毒、低毒分类管理。高毒农药不准用于蔬菜、茶叶、果树、中药材等作物，不准用于防治卫生害虫与人畜皮肤病。禁止用农药毒鱼、虾、蛙和有益的鸟兽。

2. 农药应由使用单位指定专人凭证购买。农药的品名、有效成分含量、出厂日期、使用说明等鉴别不清和质量失效的农药不准使用。运输农药时发现有渗漏、破裂的，应用规定的材料包装后运输，并及时妥善处理被污染的地面、运输工具和包装材料。

3. 农药不得与粮食、蔬菜、瓜果、食品、日用品等混载、混放。农药进出仓库应建立登记手续，不得随意存取。在使用过程中，配药人员要带胶皮手套，必须用量具按照规定的剂量称取药液或药粉，严禁用手搅拌；配药和拌种应选择远离饮用水源，居民点的安全地方，专人看管，严防农药或毒种散失或被人、畜家禽误食。使用过高毒农药的地方应竖立标志，在一定时间内禁止放牧、割草，挖野菜。

省农业行政主管部门应当根据本省实际情况，适时向社会公开发布在一定区域内推广、轮换、限制或禁止使用的农药品种。县级以上农业行政主管部门负责本行政区域内的农药安全使用、合理使用的指导工作，并组织对农药使用者进行农药知识和使用技术培训。同时，应定期对安全使用农药的情况实施监督检查，做好主要农副产品农药残留量的检测工作，并定期公布检测结果。

九、四川省《中华人民共和国草原法》实施办法

根据《中华人民共和国草原法》，结合四川省实际，制定本实施办法。在四川省行政区域内从事草原的规划、保护、建设、利用和管理活动，必须遵守《中华人民共和国草原法》和本实施办法。

（一）主管单位

省人民政府草原行政主管部门主管全省草原监督管理工作。州（市）和县人民政府草原行政主管部门主管本行政区域内草原监督管理工作。乡（镇）人民政府应当加强对草原保护、建设和利用情况的监督检查，根据需要设专职或者兼职人员负责具体监督检查工作。省和甘孜、阿坝、凉山州及纯牧业县的人民政府草原行政主管部门应当设立草原监督管理机构；其他草原面积较大的市、县的人民政府草原行政主

管部门根据需要可以设立草原监督管理机构。草原监督管理机构负责草原法律、法规、规章执行情况的监督检查，对违反草原法律、法规、规章的行为进行查处。

县级以上人民政府应当加强对草原保护、建设和利用的管理，将草原的保护、建设和利用纳入国民经济和社会发展规划，安排资金用于草原改良、人工种草和草种生产等。

(二) 草原承包制度

实行草原承包经营制度。依法确定给集体经济组织使用的国家所有的草原或者集体所有的草原，可以由本集体经济组织内的家庭或者联户承包经营。国家所有的草原由乡（镇）人民政府作为发包方；集体所有的草原由本集体经济组织作为发包方。草原承包应当有利于实行定居放牧和开展综合建设，方便农牧民的生产生活。各户承包的草原应相对集中成片，留出牧道、饮水点、配种点等公共用地。

乡（镇）人民政府应当将草原承包、调整、流转等情况及时报县级人民政府草原行政主管部门备案。

1. 流转

在承包期限内，草原承包经营权可以按照自愿、有偿的原则依法流转。流转的方式包括转包、出租、互换、转让等。流转应当经发包方同意，双方当事人签订书面合同，草原承包经营的有关权利、义务随之转移。

2. 备案

乡（镇）人民政府应当将草原承包、调整、流转等情况及时报县级人民政府草原行政主管部门备案。

3. 监督检查

草原承包方或者使用方应当合理利用和保护草原，保护草原公共设施，并接受草原行政主管部门及其监督管理机构的监督检查。

（三）草原保护制度

四川省实行基本草原保护制度。各级人民政府应当按照国务院制定的基本草原保护管理办法严格保护和管理基本草原。

（四）草畜平衡制度

四川省实行草畜平衡制度。省、州（市）人民政府及其草原行政主管部门应当加强草畜平衡的指导、监督检查；县级人民政府应当制定草畜平衡方案并负责组织实施。县级人民政府草原行政主管部门应当根据国家制定的草原载畜量标准和草畜平衡管理办法定期核定载畜量。县级以上人民政府草原行政主管部门应当推广先进实用技术，指导草原承包方通过采取改良牲畜和牧草品种、优化畜群结构、提高出栏率、增加饲草饲料供应等措施，调整载畜量，实现草畜平衡。

（五）轮牧、休牧、禁牧制度

四川省实行轮牧、休牧、禁牧制度。县级人民政府应当制定草原轮牧方案，乡（镇）人民政府负责轮牧方案的组织实施。草原承包方或者使用方应当按轮牧方案的要求，在季节放牧场内建立轮牧区，加强围栏建设，实行划区轮牧。对严重退化、沙化、石漠化、鼠虫危害严重的草原和生态脆弱的草原，应当有计划、有步骤地实施休牧、禁牧。具体办法由省人民政府制定。

（六）草原的综合治理

各级人民政府应当将草原综合治理列入国土整治规划和计划。对严重退化、沙化、石漠化、鼠虫危害及水土流失严重的草原和生态脆弱的草原，县级以上人民政府应当加大投入，组织专项治理，恢复草原植被。鼓励单位和个人对沙化草地、鼠虫害草地及其他严重退化的草地进行科学治理；成绩显著的，由县级以上人民政府给予表彰奖励。

1. 草原调查

各级人民政府应当支持开展草原调查。县级以上人民政府草原行政主管部门会同同级有关部门定期进行草原调查。草原承包方或者使用方应当配合调查，并提供真实信息。

2、草原生产、生态监测预警体系

县级以上人民政府草原行政主管部门应当建立健全草原生产、生态监测预警体系，对本行政区域内草原的面积、等级、类型、植被构成、生产能力、载畜量、灾害等实行动态监测，及时向社会提供动态监测和预警信息服务。

3. 草原统计办法

省人民政府草原行政主管部门应当会同统计部门制定草原统计办法。县级人民政府草原行政主管部门和统计部门应当对草原的面积、生产能力、载畜量和草原保护、建设、利用、灾害情况等进行统计，并逐级上报到省人民政府草原行政主管部门和统计部门。

4. 草原的临时使用、占用

县级以上人民政府草原行政主管部门应当加强草种基地建设。禁止侵占、破坏草种种质资源。遇到自然灾害等特殊情况需要临时调剂使用草原的，应当按照自愿、互利的原则，由双方协商解决。达成一致意见的，应当签订合同，约定临时使用期限、范围、费用等；协商不成的，由有关人民政府组织协商解决。因生产经营需要临时占用草原的，应当经县级人民政府草原行政主管部门审核同意。临时占用者应当按照所占草原前3年牧草平均产值的1～3倍向草原承包方进行补偿，并向草原行政主管部门交纳草原植被恢复保证金。草原植被恢复保证金的收取和管理办法，由省财政部门会同省草原行政主管部门制定。临时占用者按规定恢复了草原植被的，保证金应当及时退还；未按规定恢复的，由草原行政主管部门用草原植被恢复保证金进行恢复。县级人民政府负责监督。

5. 草原的禁限规则

禁止经营性采挖天然草皮。确需在草原上采挖天然草皮的，应当报县级人民政府草原行政主管部门批准，并交纳草原植被恢复保证金。禁止用剧毒、高残留以及可能导致二次中毒的药物治理草原。

在草原上采挖虫草、贝母、大黄、黄芪、秦艽等中药材，采集野生草种等活动的，应当保护和恢复草原植被。在他人承包或者使用的草原上从事本条第一款、第二款所列活动的，还应当事先征得草原承包方或者使用方的同意。

6. 草原防火工作

各级人民政府应当加强草原防火工作，建立草原防火责任制，制定草原防火、灭火预案。县级以上人民政府应当加强草原防火、灭火基础设施建设，所需经费由同级人民政府予以保障。每年 3 月 15 日至 6 月 15 日为春季防火期，9 月 15 日至 11 月 15 日为秋季防火期，各州（市）人民政府可以根据本地区的实际情况适当延长。

7. 草原上的建设要求

在草原上开矿、筑路和进行其他建设，应当按照环境保护的有关规定处理废水、废气、废渣和其他废弃物，保护植被和水源。

8. 草原生物防治工作

提倡对草原鼠虫害实行生物防治，采取有效措施保护猛禽、狐狸、蛇等草原鼠虫天敌类野生动物。

（七）法律责任

参考第 26 条—32 条的规定，责任人承担相应的法律责任。

附件1：主要农业法律、法规索引

我国现行主要的农业法律共14个，主要的行政规章23个，部门规章和其他规范性文件200余个，涉农相关法律法规10余个，现将部分常用的列举如下：

类别	国家法律	行政法规	省级立法	部门规章
种植业类	1.《中华人民共和国农业法》 2.《中华人民共和国农业技术推广法》 3.《中华人民共和国种子法》 4.《中华人民共和国农产品质量安全法》 5.《中华人民共和国农业机械化促进法》 6.《中华人民共和国土地承包法》 7.《中华人民共和国农民专业合作社法》 8.《中华人民共和国种子法》 9.《农业转基因生物安全管理条例》	1.《农业机械安全监督管理条例》 2.《中华人民共和国农药管理条例》 3.《植物检疫条例》 4.《农业转基因生物安全管理条例》 5.《基本农田保护条例》 6.《中华人民共和国植物新品种保护条例》	1.《四川省农业机械安全监督管理条例》 2.《四川省农村能源条例》 3.《四川省植物检疫条例》 4.《四川省农作物种子管理条例》 5.《四川省蚕种管理条例》 6.《四川省农药管理条例》 7. 四川省《中华人民共和国农民专业合作社法》实施办法 8. 四川省《中华人民共和国农产品质量安全法》实施办法	1《肥料登记管理办法》 2.《联合收割机及驾驶人安全监理规定》 3.《农产品包装和标识管理办法》 4.《植物检疫条例实施细则(农业部分)》 5.《无公害农产品管理办法》 6.《农业行政处罚程序规定》 7.《农业机械维修管理规定》 8.《农产品产地安全管理办法》 9.《农产品地理标志管理办法》 10.《四川省种植业无公害农产品管理办法》 11.《四川省基本农田保护实施细则》

类别	国家法律	行政法规	省级立法	部门规章
畜牧业	1.《中华人民共和国畜牧法》 2.《中华人民共和国动物防疫法》 3.《中华人民共和国草原法》	1.《畜禽规模养殖污染防治条例》 2.《饲料和饲料添加剂管理条例》 3.《草原防火条例》 4.《乳品质量安全监督管理条例》 5.《重大动物疫情应急条例》 6.《种畜禽管理条例》 7.《兽药管理条例》 8.《病原微生物实验室生物安全管理条例》 9.《动物防疫条件审查办法》	1.《四川省草地承包法》 2《四川省预防控制狂犬病条例》 3.《四川省草原防火值班及火情信息报告制度》 4.《四川省<中华人民共和国动物防疫法>实施办法》	1、《动物防疫条件审查办法》 2、《动物检疫管理办法》 3、《家畜遗传材料生产许可办法》 4.《兽医系统实验室考核管理办法》 5.《动物诊疗机构管理办法》 6、《执业兽医管理办法》 7.《乡村兽医管理办法》 8.《动物病原微生物菌(毒)种保藏管理办法》 9.《生鲜乳生产收购管理办法》 10.《动物源性饲料产品安全卫生管理办法》 11.《草种管理办法》 12.《草畜平衡管理办法》 13.《草原征占用审核审批管理办法》 14.《中华人民共和国食品安全法实施条例》 15.《饲料生产企业审查办法》 16.《畜禽标识和养殖档案管理办法》 17.《兽用生物制品经营管理办法》 18.《农业基本建设项目管理办法》 19.《国家突发重大动物疫情应急预案》

类别	国家法律	行政法规	省级立法	部门规章
渔业	1.《中华人民共和国渔业法》 2《中华人民共和国水法》 3.《中华人民共和国水污染防治法》 4.《中华人民共和国野生动物保护法》	《中华人民共和国渔业法实施细则》 《水产资源繁殖保护条例》 3.《中华人民共和国渔港水域交通安全管理条例》 4.《中华人民共和国水生动物保护实施条例》; 5.《中华人民共和国自然保护区条例》; 6.《中华人民共和国渔业船舶检验条例》	1. 四川省《中华人民共和国渔业法》实施办法 2.《四川省水产种苗管理办法》 3.《四川省渔船渔港管理办法》 4. 四川省《中华人民共和国野生动物保护法》实施办法	1.《水产养殖质量安全管理规定》 2.《渔业捕捞许可证管理规定》 3.《水产养殖质量安全管理规定》 4.《渔业船舶报废暂行规定》 5.《渔业水域污染事故调查处理程序规定》 6. 农业部关于印发《渔业统计工作规定》的通知 7.《出境水产品追溯规程(试行)》 8.《水产苗种管理办法》 9.《中华人民共和国渔业行政执法船舶管理办法》 10. 中华人民共和国农业部公告(动物性食品中兽药最高残留限量) 11.《水产品批发市场管理办法》 12.《长江渔业资源管理规定》 13.《水产种质资源保护区管理暂行办法》 14.《中华人民共和国渔业船员管理办法》

附件2:一、二类动物疫病病种名录

一类动物疫病(17种)

口蹄疫、猪水泡病、猪瘟、非洲猪瘟、高致病性猪蓝耳病、非洲马瘟、牛瘟、牛传染性胸膜肺炎、牛海绵状脑病、痒病、蓝舌病、小反刍兽疫、绵羊痘和山羊痘、高致病性禽流感、新城疫、鲤春病毒血症、白斑综合征

二类动物疫病(77种)

多种动物共患病(9种):狂犬病、布鲁氏菌病、炭疽、伪狂犬病、魏氏梭菌病、副结核病、弓形虫病、棘球蚴病、钩端螺旋体病

牛病(8种):牛结核病、牛传染性鼻气管炎、牛恶性卡他热、牛白血病、牛出血性败血病、牛梨形虫病(牛焦虫病)、牛锥虫病、日本血吸虫病

绵羊和山羊病(2种):山羊关节炎脑炎、梅迪-维斯纳病

猪病(12种):猪繁殖与呼吸综合征(经典猪蓝耳病)、猪乙型脑炎、猪细小病毒病、猪丹毒、猪肺疫、猪链球菌病、猪传染性萎缩性鼻炎、猪支原体肺炎、旋毛虫病、猪囊尾蚴病、猪圆环病毒病、副猪嗜血杆菌病

马病(5种):马传染性贫血、马流行性淋巴管炎、马鼻疽、马巴贝斯虫病、伊氏锥虫病

禽病(18种):鸡传染性喉气管炎、鸡传染性支气管炎、传染性法氏囊病、马立克氏病、产蛋下降综合征、禽白血病、禽痘、

鸭瘟、鸭病毒性肝炎、鸭浆膜炎、小鹅瘟、禽霍乱、鸡白痢、禽伤寒、鸡败血支原体感染、鸡球虫病、低致病性禽流感、禽网状内皮组织增殖症

兔病(4 种):兔病毒性出血病、兔黏液瘤病、野兔热、兔球虫病

蜜蜂病(2 种):美洲幼虫腐臭病、欧洲幼虫腐臭病

鱼类病(11 种):草鱼出血病、传染性脾肾坏死病、锦鲤疱疹病毒病、刺激隐核虫病、淡水鱼细菌性败血症、病毒性神经坏死病、流行性造血器官坏死病、斑点叉尾鮰病毒病、传染性造血器官坏死病、病毒性出血性败血症、流行性溃疡综合征

甲壳类病(6 种):桃拉综合征、黄头病、罗氏沼虾白尾病、对虾杆状病毒病、传染性皮下和造血器官坏死病、传染性肌肉坏死病